우리들의 커튼콜

연극 알기, 보기, 느끼기, 만들기

우리들의 커튼콜

연극 알기, 보기, 느끼기, 만들기

마리북스

머리말

'나한테 어쩌다 이런 일이 일어났을까?'
'저 친구는 무슨 생각을 하고 있을까?'
'나의 인생에서 지금 이 선택이 과연 맞을까?'
'우리는 올바른 방향으로 나아가고 있는 걸까?'
우리 인생에는 곳곳에 이런 물음들이 있습니다. 이 물음들은 예나 지금이나 변하지 않는 우리, 그리고 우리가 사는 세상에 대한 것들이죠. 모든 예술도 바로 여기서 출발해요. 연극도 마찬가지이고요. 좋은 고전 연극들이 지금도 사랑받는 것은 몇백 년 전이나 지금이나 여전히 이 질문들이 계속되고 있기 때문입니다. 그래서 실제로 우리가 살면서 부딪히는 문제들에 대한 해답을 예술에서 찾기도 하고, 예술을 통해 치유받기도 합니다. 예술에서 그 답을 찾기 위해 궁리하고, 그 과정 속에서 삶의 소중한 진리를 깨닫곤 하거든요. 더욱이 연극은 '현장성'이 중요한 예술이에요. 무대 위의 배우들이 펼치는 목소리와 몸짓이 관객들의 눈과 귀, 온몸의 촉각으로 고스란히 전달됩니다. 그래서 우리에게 더욱 큰 울림으로 다가옵니다.

'무대라는 객관적인 거리가 있는 나와 주변에 대한 통찰의 예술.' 바로 이게 연극의 가장 큰 매력입니다. 관객들은 눈앞의 무대에서 펼쳐지는 이야기, 그리고 배우들의 감정과 관계 등을 더욱 생생한 목격자의 시선으로 바라봅니다. 무대라는 가상의 공간에서 '안전'하지만 '객관적인 거리'를 두고 보게 되는 만큼 한 발 물러서서 그 상황을 더욱 잘 판단할 수 있습니다. 무대 위의 이야기, 그 속의 배우들에게 과거의 나, 지금의 내가 겹쳐지면서 앞으로 나아갈 방향도 더욱 뚜렷이 보이게 됩니다.

　'혼자가 아닌 여러 사람이 함께 만들어나가는 소통과 협력의 예술.' 연극의 또다른 매력입니다. 배우면 배우, 감독이면 감독, 스태프면 스태프, 무대 위의 소품, 배경 음악, 의상과 분장……. 모두 자신이 맡은 역할에 충실해야 합니다. 그러면서 서로 소통하고 협력해야 비로소 하나의 연극이 무대에 오를 수 있습니다.

　《우리들의 커튼콜》은 이 매력 넘치는 연극이라는 예술을 통해 나와 세상에 대해 질문하고, 그 답을 찾기 위해 궁리하는 좋은 시간과 기회를 줄 거예요. 연극과 함께 나와 세상에 감사하는 마음 또한 가질 수 있을 거예요.

1막에서는 '나와 연극'에 대한 이야기를 나눕니다. 연극은 과거와 미래의 무궁한 이야기들이 '지금 현재'의 무대에서 생생하게 펼쳐지는 예술이에요. 하지만 알고 보면 우리 삶 속에 늘 함께하는 예술이기도 하죠. 연극쟁이가 아니어도 무대와 우리 삶 속에서 연극을 보고 충분히 즐길 수 있습니다.

2막은 '연극과 진실로 교감하는 관객'이 되어 연극이 내 삶 속으로 들어와 '내 한 편의 인생 드라마'를 그려보는 이야기예요. 자기 '인생 평화극'의 주인공인 여러분의 안목을 높이고 성장통을 치유할 수 있는 좋은 계기가 될 거예요.

3막은 나의 온몸과 마음을 다해 나, 그리고 친구들과 함께 '연극 만들기'를 해보는 실제적인 이야기예요. 연극을 보는 것을 넘어 실제로 만들어보면서 '선한 창조자'가 되는 기쁨을 누릴 수 있을 거예요.

'소통과 협력, 평화적인 상상력.'

지금 우리에게 가장 필요한 것들이죠. 어쩌면 온라인 세상이 될수록 우리의 대화는 더욱 빈곤해지고, 그로 인해 억눌린 감정이 폭력적인 언어와 행동이라는 '일그러진 모습'으로 나타나고 있는지도 몰라요. 소통과 협력으로 완성되는 무대 위의 평화극은 여러분 인생의 평화극으로 분명 이어질 거예요. 《우리들의 커튼콜》과 함께 나와 세상을 '평화극'의 무대로 기꺼이 상상하고 변형해나가는 창조자 여러분이 되기를 기대합니다!

따돌림사회연구모임
연극팀

차례

머리말 ·· 4

1막 ··· 우리 인생이 한 편의 연극이라면

나의 첫 연극 ·· 13

play, '안전거리'가 있는 놀이 ························· 24

우리에게 연극이 필요한 것은 1 - 위험의 쿠션 효과 ········· 34

우리에게 연극이 필요한 것은 2 - 나를 들여다보는 거울 ······· 41

'상상'과 '변형'으로 다시 보는 나의 인생 연극 ············· 54

아름다운 나의 인생 서사시를 위한 '자기우정' 대화 연습 ········ 64

2막 ··· 우리는 왜 연극을 볼까?

연극을 이루는 것들 ···································· 75

우리는 왜 연극을 볼까? ······························· 85

나에게 맞는, 내가 좋아하는 연극 찾기 ················· 92

나도 연극 비평가 ···································· 98

내가 쓴 비평문 ····································· 116

연극 관람 에티켓: '관크'는 안 돼요 ················· 127

3막 ⋯ 우리 함께 만드는 인생 평화극

평화가 있는 대화 연습 ⋯⋯⋯⋯⋯⋯⋯⋯⋯⋯⋯⋯⋯⋯⋯ 133

연극을 만든다는 것은 ⋯⋯⋯⋯⋯⋯⋯⋯⋯⋯⋯⋯⋯⋯ 146

연극 만들기 체크리스트 ⋯⋯⋯⋯⋯⋯⋯⋯⋯⋯⋯⋯⋯ 155

연극 활동을 시작하기 전에 ⋯⋯⋯⋯⋯⋯⋯⋯⋯⋯⋯ 163

우리 함께 연극 만들기 ⋯⋯⋯⋯⋯⋯⋯⋯⋯⋯⋯⋯⋯⋯ 176

   연극 만들기 1단계: 극본 창작하기(6조각 이야기 만들기) ⋯ 177

   연극 만들기 2단계: 캐스팅과 연기 연습 ⋯⋯⋯⋯⋯ 195

   연극 만들기 3단계: 무대 준비 및 리허설, 그리고 공연 ⋯⋯ 199

   평가 단계 ⋯⋯⋯⋯⋯⋯⋯⋯⋯⋯⋯⋯⋯⋯⋯⋯⋯⋯ 206

연극 만들기의 실제: 〈승자 없는 게임〉 ⋯⋯⋯⋯⋯⋯ 209

부록

꼭 보면 좋을 인생 연극 10선 ⋯⋯⋯⋯⋯⋯⋯⋯⋯⋯⋯ 219

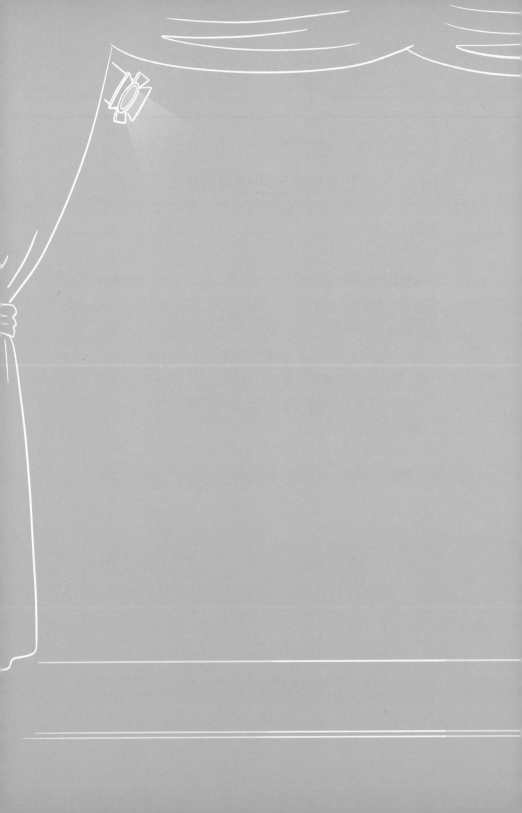

우리 인생이
한 편의 연극이라면

나의 첫 연극

지금, 우리는 작은 극장에 있어요. 우리 모두 눈을 감고 무대 속으로 가볼까요? 작은 극장, 불이 꺼지고 긴장된 침묵 속에 모두의 시선이 한곳, 무대로 쏠려요. 이윽고 막이 오르고 무대 위에서는 배우들의 이야기가 펼쳐집니다.

어떤가요? 무대 위 배우의 이야기가 나에게 어떻게 다가오나요? 슬픈 이야기는 아닌데 왠지 슬프게 느껴지나요? 어쩐지 나의 이야기, 내 친구의 이야기 같나요? 아니면 과거의 나, 미래의 내 이야기 같나요? 무대에서는 하나의 이야기가 펼쳐지지만, 객석에서 이를 보는 관객에게는 수많은 이야기로 전해집니다. 무대에서 배우가 펼치는 하나의 이야기에 객석에 있는 우리 각자의 수많은 상상과 감정이 더해지기 때문이죠.

무대에서 열연을 펼치며 수많은 사람들의 시선을 한 몸에 받는 배우들, 보이지 않는 곳에서 무대 위의 공연을 완성하는 스태프들, 그리고 숨죽여 공연을 지켜보는 우리 모두가 만들어가는 새로운 세계. 이 연극이라는 장르가 여러분에게 어떻게 다가오나요? 항상 내 곁에서 함께하는 것 같나요? 아니면 나와는 거리가 먼 세계처럼 느껴지나요? 때로는 연극을 예술의 영역으로 여기고 나와는 거리가 먼, 어렵고 특별한 사람들만 보고, 듣고, 느끼는 것으로 여길 때도 있어요.

하지만 이건 '연극'에 대한 오해입니다. 연극은 우리가 깨닫든 깨닫지 못하든 늘 우리 곁에서 우리와 함께하는 것이에요. 우리의 삶 그 자체이기도 하고요. 우리가 놀고 말하고 느끼며 살고 있다면, 늘 우리 곁에 가까이 있는 것이기도 해요. 이제 그 이야기를 해보려고 해요. 여러분에게 연극이 처음 온 날은 언제인가요? 친구들의 이야기를 들어봐요.

펭귄과 밀림의 동물들

제가 기억하는 첫 연극은 초등학교 6학년으로 거슬러 올라가요.

그때 우리 반은 다양한 학급활동을 했어요. 반 아이들이 원고지에 꾹꾹 눌러쓴 글들로 개별 문집을 만들고, 잘 쓴 글들은 모아서 학급 문집도 만들었어요. 그 외 다른 활동도 많이 했는데, 그중에서 가장 기대했던 것은 학예회였어요. 우리는 연극 파트를 맡아 방과 후에 남아서 연습을 했어요. 사실 연극이라고 해봤자 그때 유행하던 개그 프로그램을 어설프게 흉내 내는 수준이었지만요. 그래도 반 아이들의 배꼽을 잡게 하는 데는 확실히 성공했어요.

당시 모 방송국에서 하는 〈동물의 왕국〉이라는 개그 프로그램이 인기였는데, 우리는 이 프로그램을 연극으로 만들기로 했어요. 무대는 밀림이고, 이야기를 이끌어가며 생계를 책임지는 호랑이, 멀대처럼 키가 크면서 바보스러운 곰, 곰과 짝꿍이지만 머리는 좀더 좋은 원숭이 등 다양한 동물들이 나와요. 그리고 이 밀림의 세계에 생뚱맞게 펭귄이 등장해요. 펭귄은 바보 개그의 진수를 보여주죠. 자신이 농약을 먹여서 키웠다는 당나귀를 데려오는가 하면 호랑이가 시키는 미션에 엉뚱한 행동으로 대응해서 구박을 받아요. 짧은 다리를 뻗으며 호랑이의 권위에 소심하게 도전하지만 결국 굴복하면서 웃음을 선사하기도 합니다.

다행히 이 동물들의 역할에 딱 맞는 반 아이들이 모였어요.

우리보다 조금은 언니 같았던 반장이 호랑이를 맡고, 좀 곱상하게 생겨 여자아이들한테 인기가 많았던 남자아이가 곰을 맡았어요. 원숭이 역은 제가, 펭귄 역은 강일이라는 친구가 했어요. 이 친구는 반에서 '천재 아니면 바보' 소리를 들었어요. 수학경시대회에서 늘 상을 받았지만, 엄마가 늦게 퇴근한다고 목에 열쇠를 걸고 다니던 좀 어수룩해 보이는 아이였거든요. 우리는 개그 프로그램 속 펭귄처럼 강일이 머리에 노란색 모자를 씌우고 목에는 빨간 리본을 달아주었어요. 그리고 입술 가운데만 빨갛게 칠하고요.

사실 어떤 이야기로 극을 전개했는지는 잘 기억이 나지 않

지만, 학예회 날 엄청 바빴던 기억은 나요. 대사가 몇 줄 안 되는데도 심장이 쿵쾅거리기도 했고요. 아, 펭귄을 걷어차는 역을 해야 하는 친구에게 속치마를 입혔어요. 치마를 들어 올리며 액션을 보여야 극적 효과가 있을 것 같아서요. 우리의 예상대로 그 친구가 치마를 걷고 펭귄을 걷어차는 장면에서 속치마가 보이자 모두 눈물을 흘리며 배꼽을 잡고 웃었어요. 시간이 한참 지났지만 그때 그 기억은 지금도 생생하게 떠오릅니다.

교회 어른들에 대한 우리의 불만을 연극으로 만든다면?

저는 어려서부터 교회를 다녔어요. 우리 교회는 성탄절이 가까워지면 거의 축제 분위기였어요. 그리고 매년 연극제를 했죠. 어느 해, 교회 학생부실에 모여 올해는 어떤 연극을 할지 이야기를 나눴어요. 그러다 교회 어른들에 대한 우리의 불만을 연극으로 만들어보면 어떨까 하는 이야기가 나왔어요. 우리는 환호하며 찬성했어요. 그리고 아이들 한 명 한 명의 이야기를 들으며 본격적으로 대본을 만들어나가기 시작했죠.

드디어 공연이 올라가고 우리는 생각보다 꼼꼼하게 준비를 잘했다는 걸 알았어요. 꽤나 뿌듯하던 순간이었죠. 분명 처음에는 서로 의견이 안 맞아 티격태격 싸우고 늦게까지 연습하는 과정도 힘들었는데, 그런 과정이 모두 우리의 자부심으로 남았어요. 무엇보다 대본 자체가 우리의 이야기이다 보니 아이들도 연기인지 실제인지 헷갈리게 엄청 몰입해서 연기를 했어요.

지금도 생각나는 건 우리 옷차림에 대해서 어른들이 지적하는 장면이에요. 당시 바닥에 질질 끌리는 긴 나팔바지가 유행이었는데, 우리는 신발에 압핀 꽂아가며 그 바지를 입고 다녔어요. 그런데 교회 어른들은 이런 우리를 볼 때면 온 동네 바닥 다 쓸고 다니겠다고 뭐라고 하셨죠.

한 번은 한 '힙'하던 멋쟁이 여자아이가 역시 그 바지를 입고 나오자 어른들이 여지없이 꾸지람을 했어요. 그 아이는 키가 크고 날씬한데다 옷 입는 스타일도 좋아서 아이들에게 인기가 많았어요. 공부도 잘했죠. 멋도 잘 부리고 공부도 잘하는 그야말로 멋진 여자아이였어요.

그 아이는 그게 좀 억울했나봐요. 자기가 공부를 안 하는 것도 아니고, 멋 부리는 자유를 누리는 것뿐인데 왜 욕을 먹어야 하는지. 교회 생활도 성실하게 하고 나쁜 짓을 하는 것도 아닌데 말이죠.

"왜 나팔바지만 쳐다보면서 나를 나쁜 아이 취급하시나요!"

그 아이는 이런 대사를 어른 관객들을 향해 교회가 떠나갈

듯 큰 소리로 외쳤어요. 물론 그 나팔바
지를 입고서요. 어른들의 반응은 어땠을
까요? 그야말로 충격의 도가니였답니다.

지금 생각해도 그때 어른들이 얼마나 큰 충격
을 받으셨을지 상상이 가요. 훈훈한 크리스마스이
브, 잔뜩 기대를 모았던 학생부 연극에 어른들의 못마
땅한(?) 태도를 비판하는 고발극이라니! 새삼, 사과를 드리고
싶습니다.

"많이 놀라셨죠? 아이고, 정말 죄송했습니다!"

그 연극을 보고 어른들은 경악을 금치 못했지만 성공리에
연극을 끝낸 우리는 축제 분위기였어요. 무사히 연극을 끝냈을
뿐더러 교회를 발칵 뒤집어놓았으니까요. 뿌듯했고, 속 시원했
어요. 그야말로 승리를 자축하는 분위기 속에서 밤새 신나게
놀았어요. 더욱이 혼난 사람 하나 없고, 오히려 연극 대사를 빌
려서 어른들에게 한 쓴소리로 교회를 변화시켰죠.

그 후 어른들은 우리의 옷차림에 대해서 말조심을 했어요.
설령 우리가 못마땅하더라도 잔소리부터 하기보다는 '왜 그럴
까' 고민했어요. 그전에는 우리의 옷차림이나 행동이 이해도
안 되고 그저 바로잡아야 할 대상이었다면, 무대 위 이야기로
객관화해서 바라보니 다르게 보였던 거죠. 우리의 시각에서 우

리를 바라보게 된 거예요.

이제 여러분의 연극 이야기를 듣고 싶어요. 지금 떠오르는 연극과 관련된 이야기가 있다면 들려주세요. 먼저 이야기를 떠올리고 머릿속에서 한 번 정리해본 다음 그 이야기를 노트에 직접 써보세요.

누군가의 모방 놀이

그런데 여러분 인생의 첫 연극은 여러분이 지금 생각하는 것보다 훨씬 더 전이었을지 몰라요. 내 인생의 첫 연극은 무엇이었을까요? 아마도 어릴 때 하던 소꿉놀이가 아니었을까요? 다들 어렸을 때 소꿉놀이를 해봤을 거예요. 언니나 동생이랑 엄마, 아빠 놀이를 했던 기억 떠오르지 않나요? 친구와 선생님이 되고 학생이 되는 학교놀이도 많이 했을 거예요. 의사가 되고 환자가 되는 병원놀이도 있죠.

언니와의 소꿉놀이
"여보! 식사하세요."
"오늘 국이 아주 시원하네."

"그래요? 호호호."

"여보, 나 회사 다녀올게."

"네, 잘 다녀오세요."

우리가 어린 시절 흔하게 하고 놀았던 소꿉놀이. 장난감 그릇에 과자를 담으면 밥이 되고 반찬이 되기도 했어요. 특별한 날에는 초코파이로 케이크를 만들어 축하 노래도 부르고요. 나와 언니가 하루씩 엄마, 아빠를 번갈아 하기도 하고. 소꿉놀이가 지겨운 날에는 학교놀이, 병원놀이도 했어요.

동생과의 학교놀이

"오늘은 한글을 공부하겠어요. 이 글자는 뭐예요?"

"잘 모르겠어요."

"잘 보세요. 기역이에요."

아빠가 벽에 붙여준 한글표에 나온 글자를 공책에 써본다.

"기역."

"아주 잘했어요."

"이제 자기 이름을 써보세요."

"선생님, 저는 아직 이름을 쓸 줄 모르는데요."

"아니, 아직도 자기 이름을 쓰지 못해요? 혼나야겠어요. 손바닥

내세요."

'찰싹.'

30센티미터 자로 손바닥을 맞은 동생은 아프다고 울면서 엄마
한테 가서 이른다.

친구와의 병원놀이

"선생님, 배가 아파요."

"그래요? 여기 누워보세요."

장난감 청진기를 목에 건 친구는 청진기를 내 이마에도 대보고
엉덩이에도 대보며 말한다.

"어제 아이스크림을 너무 많이 먹었군요!"

"아니에요. 어제 엄마가 먹기 싫은 반찬을 억지로 먹으라고 해
서 그때부터 배가 아팠어요."

"그래요? 그럼 주사를 맞아야겠군요."

"아, 싫어요, 선생님. 주사 말고 약 먹으면 안 될까요?"

"안 돼요! 엉덩이 주사 꾹 맞아야 해요."

언니나 동생, 친구와 함께 했던 소꿉놀이는 어린 나의 눈으
로 세상을 그대로 반영하는 역할극이었어요. 우리가 일상에서
만난 모든 것이 소꿉놀이의 소재가 되고, 우리는 세상 그 무엇

이라도 될 수 있는 만능 배우였어요. 설정만 있고 대본은 없는 즉흥극인 셈이었죠. 어떨 때는 안방이나 부엌에서 급하게 소품을 가져와서 놀다가 엄마한테 혼난 적도 있어요. 또 어떨 때는 반찬을 만든다고 문구용 칼로 소시지를 자르다가 손가락을 깊게 베여서 진짜 병원에 갔던 적도 있고요. 우리는 이렇게 누군가를 모방하고 연기를 하면서 어른이 되어가요. 모방 놀이로 자연스럽게 세상을 경험해보는 것이죠.

play, '안전거리'가 있는 놀이

서양 속담에 '인생 최고의 스승은 실연과 가난, 그리고 실패'라는 말이 있어요. 사랑하는 사람과 헤어지는 '실연'이라는 스승, 다른 이들의 가슴을 파고드는 아름다운 노랫말을 사사해주기도 합니다. 누구나 한 번쯤 실연이라는 상황에 놓이게 되니까요. 때로는 가난도 훌륭한 스승이 되죠. 지금 나에게 없는 것을 극복하기 위해 대부분의 사람들은 '궁리'라는 걸 하게 되니까요. 너무 심심할 때는 놀이를, 집이 더러울 때는 청소를 궁리하게 되듯이 말이에요.

지금은 세계적으로 인기를 끌고 있는 아이돌 그룹일지라도 멤버 한 명 한 명의 연습생 시절의 이야기는 눈물 없이 듣기 힘들 때가 많아요. 그들이 '얼마나 오래' '얼마나 참담한' 실패를 하고 고난을 극복했는지를 말하는 모습은 언제 들어도 울림이 있죠. 이런 그들을 보면서 우리는 오래된 명언을 떠올려요. '실패는 성공의 어머니다!'

어떤 실패도 성공도 '안전하게' 만나요!

연극이라는 장르는 우리 인생의 어떤 실패나 성공도 '안전하게' 만나게 해줍니다. 무대 위에서 펼쳐지는 이야기가 '허구'라는 걸 알기에 그 위에서 어떤 일이 벌어져도 '실제' 나에게 위험하지 않다는 것을 알고 있죠. 무대 위에서 경험하는 이야기, 이야기 속의 인물은 실제 나의 이야기, 내가 아니니까요.

이런 '허구'와 '실제'를 이어주는 생생한 현장 예술인 연극, '나의 현재'를 무대 위로 옮겨와 바라볼 수 있게 해줍니다. 그 무대에 몰입해서 연극을 바라보며 더욱 생생한 감정을 느끼고, '왜' 그런 일이 벌어졌는지도 좀더 넓은 시야에서 생각해보게 되죠. '내가 저 사람이라면……' 하고 상상하며 여러 가지 가능성을 열어놓고 생각해보게 되는 것이죠. 배우가 연기하는 인물에 감동하고, 또 실망하기도 하면서 말이에요.

TV 관찰 예능을 보면서 따라 하고 상상으로 여러 가지 경우

인생의 참스승

의 수를 생각하듯, 내가 배우라고 상상하고 그 무대에 한껏 감
정이입을 하며 살아 있는 감정을 느끼죠. 그러면서 '어머, 우리
언니랑 똑같아!' '아, 그래서 엄마가 나한테 그렇게 했구나!' 하
는 생각을 해본 적이 없나요? 연극은 그것을 바로 눈앞에서 재
현하기 때문에 우리의 생각을 더욱 다양한 각도로 들여다볼
수 있게 해줍니다. 이런 의미에서 연극은 '스승'의 역할을 톡톡
히 하죠.

　참 다행인 것은 우리 인생의 다양한 참스승을 '안전하게' 만
나게 해주는 '연극'이라는 놀이를 태어나는 순간부터 마주한
다는 거예요. 엄마가 손으로 얼굴을 가리고 있다가 드러내며
"까꿍" 하면 아기가 "까르르" 웃음을 터뜨리는데, 이것은 아기
가 인생에서 처음으로 만나는 배우가 바로 '엄마'인 셈이죠.

꼬부랑 할머니가
꼬부랑 고갯길을
꼬부랑 꼬부랑
넘어가고 있네

〈꼬부랑 할머니〉라는 이 동요는 순식간에 아이들의 허리를 굽게 하고, 비틀비틀 걷게 만들어요. 노랫말에 '할머니' 역할이 이미 들어가 있으니까요.

요즘에는 TV 예능 프로그램에서 다양한 놀이를 해요. 인기리에 방송된 한 예능 프로그램에서 마피아 게임을 하자 다음 날 온갖 곳에서 마피아 게임을 하는 장면을 볼 수 있었어요. 마피아 게임은 정보를 가진 소수와 정보를 갖지 못한 다수의 싸움을 모델로 한 파티용 게임이죠. 좀더 말하자면 다음과 같아요.

하나. 참가자들은 서로 아는 '마피아'와 마피아의 수만을 아는 '시민' 중 하나를 역할로 받는다.

둘. 게임의 '밤'이 오면 마피아들이 시민 한 명을 골라 살해한다.

셋. 게임의 '낮'이 오면 모든 참가자가 마피아가 누구인지 토론한 뒤에 가장 유력한 용의자를 투표로 처형한다.

넷. 이것을 양 측 가운데 한쪽이 모두 죽을 때까지 반복한다. 살아남은 쪽이 이긴다.

다섯. 마피아는 반드시 시민보다 적어야 한다.

마피아라면 시민인 척 '연기'해야 하고, 시민이라면 자신이 시민임을 적극 알려야 해요. 상대를 세심하게 관찰하고, 연기를 잘해야 하죠. 이렇듯 배우와 스태프의 완벽한 호흡을 보여주는 연극! 우리에게 운동장을 뛰어다니며 하는 놀이보다 더 '안전거리'를 두고 인생 경험을 할 수 있게 해줍니다. 내가 아닌 다른 사람 되기, 끊임없이 바뀌는 역할 속에서 우리는 서서히 세상도 인생도 배워가는 것이죠.

호모 루덴스, 유희의 인간

연극은 언제 생겨났을까요? 연극의 기원과 관련해서는 아리스토텔레스의 모방본능설*, 칸트의 유희본능설** 등 여러 가지 설이 있어요. 하지만 여러 학자들이 공통적으로 밝혀낸 것은 우리 인류가 아주 오래전부터 집단극을 했다는 거예요. 원시 종합 예술의 형태죠. 우리 인류의 조상들은 채집이나 농경 생활을 하면서 하늘을 숭배하고 제사를 지내는 원시 종교 의식을 행했어요. 이 제천의식에서 춤과 노래, 놀이가 한데 어우러진 종합 예술 형태인 발라드 댄스(Ballad Dance)***를 했던 것을 볼 수 있어요.

우리 민족의 건국 신화인 단군 신화에서도 이러한 현상을 찾아볼 수 있어요. 고조선의 단군 신화는 하늘의 신(천신)이 내려와 인간을 다스리는 내용으로, 한반도에서 우리 민족이 정착한 최초를 그려내고 있어요. 여기서 천신이 내려온 태백산 신단수(神檀樹) 아래의 신시(神市)는 천신이 정사를 보는 도읍이자 천신에게 기도하고 제사를 드리는 제단으로 알려져 있어요. 이 제단과 제단 주변에서 춤추고 노래하면서 문화와 역사와 예술이 발생했죠.

• 사람은 다른 사람이나 동물의 행동을 모방하려는 본능과 모방된 것을 보고 기뻐하는 본능을 가지고 있으며, 이로부터 예술이 발생했다고 보는 견해다.

•• 인간이 지닌 유희(놀이) 본능 때문에 예술이 생겼다고 보는 견해다.

••• 원시 시대 주술을 위해 추었던 시, 음악, 무용이 한데 어우러진 춤으로 민요 무용이라고도 한다. 여기에서 문학, 음악, 무용이 나뉘어서 오늘날의 예술이 되었다.

태곳적부터 우리 인류의 역사와 함께해온 연극! 인류는 연극의 어떤 매력 때문에 늘 함께해온 것일까요? 연극이라는 예술이 주는 다양한 즐거움 때문이 아닐까요?

사당패에 대해 들어본 적 있나요? 조선시대에 지방을 돌면서 노래를 부르고 춤을 추던 유랑 연예인으로, 남자들로 이루어진 무리는 남사당패, 여자들로 이루어진 무리는 여사당패라고 했어요. 요즘은 간혹 사극 드라마나 영화에 등장하곤 해요. 사당패의 공연을 보기 위해 남녀노소 할 것 없이 구경꾼들이 모여들어요. 그리고 호기심 반 설렘 반으로 모여든 구경꾼들을 짜릿한 묘기와 맛깔스러운 입맛으로 사로잡는 그들은 그야말로 전국구 스타나 마찬가지였죠.

할아버지나 할머니가 어렸을 때는 대표적인 길거리 공연에 '약장수' 공연이 있었어요. 지금도 시골 5일장에 가면 약장수들의 감칠맛 나는 공연을 종종 볼 수 있어요. 약장수들이 본격적으로 약을 팔기 전에 바람잡이인 연기꾼이 등장해서 차력 쇼를 하거나 입에서 불을 뿜거나 주먹으로 돌을 깨요. 이렇게 해서 사람들이 모이면 연기꾼은 물러가고 약장수가 등장해요. 바로 내 눈앞에서 마치 천둥이 치는 듯한 큰 소리로 열연하는 그들의 숨결을 느끼고, 유난히 나를 보는 것 같은 착각은 보는 재미와 쫄깃한 긴장감을 주죠. 그야말로 '재미' 빼면 아무것도 아닙니다.

우리 인간은 본능적으로 '재미'를 추구하며 살아가요. 네덜란드의 역사학자 요한 하위징아(Johan Huizinga)＊는 놀이를 추구하는 인간의 본능을 가리켜 '유희의 인간'이라는 뜻의 '호모 루덴스(Homo Ludens)'라고 표현했어요. 그래요, 우리 인간은 다양한 '놀이'를 통해 역사와 문명, 지식을 발전시켜왔어요.

놀이가 곧 연극

여러분 어렸을 때 '얼음땡' 놀이를 해봤을 거예요. 얼음땡 놀이만큼 장소, 상황, 인원에 상관없이 어울려 놀 수 있는 놀이도 없죠. 한 명이 술래가 되고 나머지는 술래를 피해 도망을 다녀요. 술래의 손이 닿을 것 같으면 재빨리 "얼음"이라고 외치고

＊ 1872~1945. 네덜란드의 역사가이자 철학자. 문화사의 창시자 중 한 사람으로 20세기의 영향력 있는 사상가로 널리 인정받고 있다. 1910년대에서 1930년대에 발간된 《중세의 가을》《호모 루덴스》《에라스뮈스》는 즉각 걸작으로 평가받았고, 여러 나라의 언어로 번역되었다.

그 자리에서 멈춰요. '얼음'이 된 아이는 누군가 와서 '땡'을 해 주어야만 다시 움직일 수 있어요. 새로운 술래가 생겨날 때까지 '얼음'과 '땡'이 반복돼요. 술래의 손을 피해 '얼음'을 외쳐 일단 살긴 했지만 신나게 뛰어다니고 싶죠. 그럴 때면 다른 아이를 향해 외쳐요.

"여기 여기~ 나 땡 쳐줘!"

술래도 가만있지 않아요. '땡'을 하러 오는 아이를 매의 눈으로 노려보고 있다가 잡죠. 간혹 얄미운 아이들은 술래를 놀리기도 해요.

"나 잡아봐, 잡아봐. 오오, 얼음!"

술래에게 잡히기 직전에 '얼음'을 외치는 게 이 놀이의 묘미죠. '경찰과 도둑' '지옥 탈출' 같은 놀이도 이 얼음땡 놀이의 변형이에요.

우리 인간의 놀이 본능 속에는 '모방과 연기'가 동시에 스며들어 있어요. '놀다'라는 뜻의 영어 'play'는 우연히 생긴 말이 아니겠죠? 인간의 놀이 본능이 연극이라는 예술로 자연스럽게 이어진다는 사실을 보여주는 말이기도 해요. 그러니 놀이가 곧 연극이라고 해도 놀라지는 않겠죠? 우리는 '놀이'라는 연극을 통해 끊임없이 모방하고 연기하면서 성장해갑니다.

우리에게 연극이 필요한 것은 1
-위험의 쿠션 효과

 연극은 허구의 세계, 가상의 공간으로 이루어져요. 심지어 실제로 있었던 이야기를 바탕으로 했더라도 연극이 벌어지는 그곳이 '진짜 현장'은 아니죠. 하지만 그 '가짜'가 진짜 나를 찾아내는 믿음직한 '사고(思考)의 징검다리'가 될 수 있어요.

 마음속에 뭔지 모를 억울함과 분노가 가득할 때, '옳지 않아!'라는 외침이 들릴 때, 나 자신이 소중하게 여겨지지 않을 때면 독백을 해보세요. 좋은 시나 좋은 희곡 속의 대사를 외워보세요. 나의 '절망'을 '좋은 방식'으로 표출하는 법을 익혀보세요. 그렇게 하다 보면 생각보다 큰 위로와 치유가 될 수 있어요. 특히 불안과 절망에 놓인 사람들에게는 꽤 '가성비' 높은 피난처가 될 수 있습니다. 누구의 도움도 받지 않고, 누구에게 들킬 염려도 없는 재미난 놀이죠. 다만, 주의할 것은 연극은 연극일 뿐, 그 시간이 지나면 반드시 연극에서 빠져나와 현실로 돌아와야 한다는 거예요.

한 발 떨어져서 보는 연극 속의 또 다른 나, 메타인지

좀 어려울지도 모르겠는데 '메타인지(meta-cognition)'라는 말이 있어요. 내가 가진 생각이나 상황을 '한 발 떨어져서' 객관화해서 보는 것을 말해요. 우리가 기쁨이나 슬픔 등 감정의 한복판에 있으면 '눈에 뵈는 게 없어집니다.' 감정이 격앙되어 이성적인 사고를 하기 힘들기 때문이죠.

무엇이 너무 갖고 싶거나 하고 싶다는 '욕망'의 도가니에 있을 때에도 마찬가지예요. 그래서 중독이 무섭습니다. 중독은 최소한의 자기 감정이나 행동에 대한 객관화를 어렵게 하거든요. 어떻게든 자신의 상태를 '변명'하더라도 '올바르게 정성껏' 자신의 상태를 '건강하게' 만들려는 노력을 할 필요성도 의지도 갖기 힘들어요. 메타인지는 자신의 현재 삶이 주변 상황 속에서 어느 위치에 있고 어떤 영향력을 행사하고 있는지 알게 해주죠. 폐쇄 회로 텔레비전(CCTV)이나 자동차 블랙박스 카메라 등에서 자신의 모습을 우연히 보게 되면 새삼스럽게 나의 발걸음이나 어깻짓, 표정 등이 다시 보이게 되듯 말이에요. 이 '새삼스러운 다시 보는 작업'이 초보적인 메타인지의 작동이라고 할 수 있어요.

연극을 볼 때 나와 많이 닮아서 몰입하게 된 캐릭터가 있다고 해요. 그 캐릭터가 울고 웃고 말하고 대답하는 모든 일이 '또 다른 나'의 삶이라고 여겨진다면 이때는 꽤 높은 수준의 메타인지가 작동하는 거예요. 연극을 우리의 이야기를 바탕으로 창작했다면, 그래서 극 중의 '나'로서 나의 실제 삶을 응축된 메시지로 전달해본다면 이때의 메타인지는 우리에게 다중적인(멀티플) 인생 경험을 통한 '자기 성찰'을 가능하게 하죠.

위험의 완충 시간

너무도 우울한 나머지 상습적으로 극단적인 선택을 시도하곤 했던 고등학생이 있었어요. 상담 선생님은 이 학생에게 〈어느 세일즈맨의 죽음〉이라는 연극을 추천해주었어요. 이 작품은 미국의 극작가 아서 밀러(Arthur Miller)의 대표작으로, 성공의 꿈을 지닌 한 사람의 비참한 최후를 묘사하고 있어요. 주인공이 죽음의 시작에서 끝을 향해 가는 과정을 통해 성공, 행복, 화해에 대한 이야기가 펼쳐지는데요, 이 연극 속의 죽음을 통해 학생은 깨달았어요. 자신이 정작 원했던 것은 죽음이 아니라 자신의 죽음을 안타깝게, 안절부절 바라보는 주변 사람들의 기대와 관심이었다는 것을요. 이걸 깨닫고 '죽음'이 아닌 '삶'에 대한 고민이 시작되었어요. 연극을 통해 치열한 삶에 대한 카타르시스(catharsis)*를 느꼈다고 고백하는 학생의 눈은 반짝반짝 빛이 났죠. 그 학생의 이야기를 함께 들어봐요.

연극이 내 인생에 훅, 하고 들어온 것은 열여덟 살의 가을날 오후였어요. 다니던 고등학교 인근에 대학교가 있었어요. 언제나처럼 무심결에 지나치려던 찰나에 강렬한 붉은색의 연극 포스터가 눈길을 끌었어요. 피가 뚝뚝 흐르는 것 같은 글씨체로 새겨진 연극의 제목은 〈어느 세일즈맨의 죽음〉. 그 학교 연극 동아

---

* 비극에 나오는 인물들의 비참한 운명을 보고 자신의 두려움과 슬픔이 어느 정도 해소되는 것을 말한다. 정신분석학적으로는 마음속에 억압된 감정의 응어리를 밖으로 드러냄으로써 강박관념을 없애는 것을 일컫는다.

리의 공연 알림 포스터였어요. 얼마 전에 상담 선생님이 추천해 주셨던 바로 그 연극이었어요. 무언가에 이끌리듯 공연 날짜를 잘 기억해두었다가 연극을 보았어요. 내 인생 최초로 본 정식 연극 관람이었죠. 아, 그런데 정말 인상적이었어요!

무대 위에서 배우들이 그려내는 가족의 모습. 그들은 서로를 사랑하기는커녕 오히려 죽을힘을 다해 증오했어요. 누군가 자신의 내면에 고여 있던 증오를 입안에서 펄펄 끓여 내뱉으면, 상대도 질세라 더한 역겨움을 뱉어냈다고나 할까요?

그날 펑펑 울었어요. 그러면서 한편으로는 궁금했어요. 내가 흘린 눈물의 의미는 무엇이었을까? 내 안의 분노, 슬픔, 죄의식……? 그때까지만 해도 열 번 넘게 자살 기도를 했어요. 나의 내면은 엄청 피폐해져 있었고 끊어져가는 가느다란 실줄기처럼 마음은 약해져 있었어요. 그리고 그 원인을 화목하지 못한 가족 탓으로 돌렸어요. 나를 버리고 떠난 어머니, 재혼한 아버지 때문이라고만 생각했죠. 그런데 연극을 보고 나니 누군가 나에게 이렇게 냉정하게 말하는 것 같았어요.

'너, 핑계 대지 마! 가족이 불화한 것은 사실이지만, 거기에 너도 일조했잖아. 너는 대화를 나누려고 시도하고, 어떻게 하면 화목해질 수 있을까 고민이라도 했니?'

나는 머리를 흔들며 아니라고 하면서도 마음속으로는 인정할 수밖에 없었어요. 무대 위의 인물들이 그런 나를 계속 다그치는데 머리를 한 대 얻어맞은 느낌이었어요. 그리고 엄청 후련했어요. 그 이후로는 자살은 떠올리지도 않고, 죽음을 가볍게 여기지도 않았어요. 머릿속에서 '죽음'이라는 두 단어가 사라지니까 그때까지 보이지 않던 '생'이라는 질긴 뿌리가 여기저기서 보이기 시작했어요.

우리에게 연극이 필요한 것은 2
-나를 들여다보는 거울

여러분은 연극을 보면서 그 속에서 내가 보였던 적이 있나요? 연극은 배우와 관객 모두에게 나의 '진짜 현재' 삶을 고민하게 해요. 배우의 연기가 실감 날수록, 극의 메시지가 내 삶과 직접 관련된 것일수록 관객은 몰입하게 되고, 그 끝에서 시선이 자신을 향하게 되죠. 즉 나를 돌아보게 됩니다.

배우의 생생한 몸짓과 목소리로 전달되는 메시지가 중간에 어떤 걸러짐도 없이 나의 온 감각에 그대로 와닿기 때문이에요. 우리의 뇌는 이렇게 직접 전달되는 자극을 통해 온몸의 신경세포를 더욱 활발하게 움직이게 해요. 연극적인 자극이 즐거움이나 고통 같은 감정으로 날아가지 않고, 나의 몸과 마음, 그리고 기억 속에 의미 있는 무엇으로 저장되는 것이죠. '나'를 이해하고 받아들이는 배경지식과 시선도 더욱 넓어지게 돼요.

나 들여다보기, 연극적 반추

　학교폭력에 시달리던 한 학교에서 연극 동아리를 만들었어요. 아무리 해도 학교폭력의 해결책이 보이지 않자 한 선생님이 '마지막으로 연극을 한번 해보자' 해서 시작하게 되었죠. 매일 아침 수업이 시작되기 한 시간 전에 선생님과 연극 동아리 학생들이 모였어요. 그때 선생님은 학생들이 먹을 간식을 챙겨오셨어요. 먹을 걸로 학생들을 유혹하려는 것은 아니었지만, 학생들에게 그렇게 해서라도 학교폭력을 해결하고자 하는 자신의 간절한 마음을 전하고 싶었어요. 연극 동아리에는 피해 학생도, 가해 학생도, 방관했던 친구도 모두 있었어요.

　'아, 귀찮게 이런 걸 왜 하라고 하지?'

　학생들은 처음에는 이런 마음으로 마지못해 시작을 했어요. 학생들 사이에서 일어났던 학교폭력을 소재로 연극을 만들기로 했어요. 학교폭력, 그것도 생생한 경험을 바탕으로 한 창작극에서 주인공은 피해 학생인 경우가 많아요. 학교폭력의 올바른 해법은 '피해자 중심주의'이기 때문이에요.

이 동아리의 경우에도 피해 학생을 중심으로 이야기가 전개되는 창작극을 만들었어요. 그리고 피해 학생 역할은 평소에 학교폭력을 주도하던 친구가 맡았어요. 그 학생은 동아리 활동을 시작할 때 지난 학년에 자기가 저지른 잘못을 알긴 했어요. 하지만 학교폭력대책자치위원회에서 내려진 조치를 받았기 때문에 죄책감이나 자신이 근본적으로 변화해야겠다는 생각을 별로 하지 않았던 것 같아요. 그랬는데 연극을 하면서 놀라운 결과가 나타났어요. 다음은 연극이 끝난 뒤 그 학생의 감동적인 고백이에요.

사실 나는 작년에 ○○이를 괴롭혀서 '학폭' 받았는데 솔직히 ○○이가 찐따고, 나 말고도 괴롭히는 애가 많다고만 생각했다. 난 내가 그런 생각 하는지도 몰랐는데, 막상 ○○이랑 비슷한 미미(극 중 역할)를 연기하다 보니까 '○○이한테 내가 무슨 짓을 한 거지?'라는 생각이 들었다. ○○이가 실제로도, 연극 속에서도 죽지 않아서 다행이다.

학교폭력의 가해자였던 이 학생은 연극을 통해 자신의 모습을 들여다보게 되었어요. 우리는 연극을 통해 나를 돌아볼 수 있죠. 더욱이 이 학생은 연극을 보는 것을 넘어 직접 하면서 자신의 모습을 더욱 적극적으로 들여다볼 수 있었어요. 연극이 '보는 것'을 넘어 '만들고 해보기'라는 걸 강조하는 것도 이 때문이에요. 연극은 '나 아닌 다른 것이 되어보기'라는 매력적인 드라마 장치를 갖고 있거든요. 그 장치를 통해 역으로 나를 더 깊게 들여다볼 수 있게 되죠. 그래서 실제의 내가 아닌 다른 인물이 되는 '~인 척하기(as if~)', 현실 인생의 경로 바꾸기를 가능하게 하는 '살아보기(live through)'를 해볼 수도 있어요.

예를 들어 실제로 무인도에 고립되지는 않았지만 쭈글쭈글한 큰 보자기에 앉아 내가 로빈슨 크루소라면 무엇이 제일 그리울지, 무슨 일을 제일 먼저 할지를 구상하고 해보는 거예요. 무심코 하는 이러한 작업들 속에 내 무의식 속 이야기들이 튀어나오는 경우가 있어요. 로빈슨이 된 내가 가장 그리워하는 사람이 동생이라면, 쑥스러움 없이 동생에 대한 내 마음을 다시 생각하게 돼요. 연기라는 '잠정적인 약속'을 통해 '나 들여다보기'가 이루어지는 것이죠. 그렇기 때문에 연극은 연극에 참여하는 동안 수시로, 아니면 공연 후에 내 모습을 객관화하고 성찰하는, '진짜 나'에게 좋은 거울이 될 수 있습니다.

최고 수준의 거울, 우리를 한층 성장시키는 연극은 바로 우리의 이야기를 바탕으로 스스로 창작하는 작업이에요. 더욱이 연극 무대 위의 '내'가 실제 나의 삶을 녹여낸 메시지를 전달해본다면, 이때의 '연극의 거울'은 우리의 깊은 내면까지 비추는 기능까지 하게 되죠. 연극 위의 인생 경험을 통한 '자기 성찰'을 가능하게 합니다.

모놀로그의 치유력

부모의 이혼으로 성장기를 친척집에서 보내야 했던 여학생이 있었어요. 이 여학생은 몹시도 외로워하면서 우울 속에서 하루하루를 버텨냈어요. 여학생의 고백을 들으니 어렸을 때의 쓸쓸한 나를 보는 것 같네요.

유난히도 외로웠던 날들을 떠올리면 구름과 바람만이 내 주변을 가득 메웠던 것 같아요. 그렇게 외롭고 흐린 날에는 통학버스를 타고 가다 중간에 내려 하릴없이 낯선 동네를 거닐었어요. 그런데 이상하게도 완벽하게 낯선 그 거리가 아주 가까운 사람들과 함께 살고 있는 우리 동네(학교와 집)보다 편안하게 느껴졌어요. 그 동네에서 나는 그저 '지나가는 아이'였을 뿐이었어요. 아무도 나에게 말을 걸지 않았지만 그렇다고 냉대하지도 않았어요. 그때의 나는 식구들이 나를 모두 미워할 거라고 생각하고 스스로 만든 우물에 갇혀 있었거든요.

그 낯선 동네에서 꼭 했던 놀이가 있었어요. 혼자 하는 소꿉놀이라고 할 수 있어요. 나는 다정한 엄마와 아빠도 되었다가 그들이 죽도록 사랑하는 외동딸도 되었어요.

"애야, 이 세상에서 너를 가장 사랑하는 엄마가 여기 있단다."

"그럼 엄마, 시장에 가서 내가 먹고 싶은 떡볶이 사줄래요?"

"어? 안 그래도 엄마가 시장 가려고 했는데."

엄마가 내 머리도 땋아주고 아빠가 목말도 태워주었죠. 현실에서는 이룰 수 없는 놀이를 저 혼자 계속 하는 거예요.

"머리가 또 자랐네? 엄마는 우리 예쁜 딸 머리 땋아주는 게 정말 좋아."

"어때, 우리 딸? 아빠 어깨에 오르니 저 멀리까지 잘 보이지?"

이렇게 1인 다역 모놀로그로 허기진 마음을 채워갔어요. 일종의 자가치유법이었죠.

모든 연극에는 '대사'가 있어요. 1인극이든 2인극이든 다인극이든 모두 대사를 통해서 관객에게 전달이 되죠. 그 관객이 때로는 나 자신이 될 수도 있어요. 왠지 모르게 마음이 허전하거나 불안할 때면 책이나 연극 속의 대사를 소리 내어 말해보세요. 아래처럼 어떤 연극 대사라도 좋아요. 그러면 내가 나에게 전달하는 그 대사를 통해 마음의 안정을 찾을 수 있을 거예요.

사랑하는 사람과 헤어질 때의 연인은 우울한 얼굴로 학교 가는
학생이지.

_〈로미오와 줄리엣〉(셰익스피어) 로미오 대사

토르발트, 당신이 저한테 그걸 바랐거든요. 당신과 아버지는 저
한테 큰 죄를 지은 거예요. 제가 쓸모없는 인간이 된 것은 다 당
신들 책임이에요.

_〈인형의 집〉(입센) 노라 대사

나와 내가 화해하는 시간

이런 연극의 효과를 극대화하는 플레이백 시어터라는 즉흥
연극도 있어요. 플레이백 시어터(playback theatre)는 실제 관객의
이야기를 배우의 상징적인 연기로 대신 표현해주는 즉흥 연극
이에요. 그러니까 모든 것이 현장에서 즉흥적으로 이루어지죠.
연극의 내용도 바로 '그때' 관객 중의 한 명이 화자가 되어 들
려주는 이야기를 바탕으로 해요. 예상치 못하게 갑자기, 우연

히 벌어질지라도 나의 이야기가 연극 속으로 초대된다면, 연극이라는 장치를 거치면서 진짜 나를 수용하고 공감하는 폭이 훨씬 커지게 되죠. '나와 내가 화해하는 시간'이 되는 거예요. 다음은 실제 공연 때 있었던 일이에요.

> 화자: 나는 아빠가 너무 싫어요. 아빠가 감정 기복이 심해서 어떻게 대해야 할지 모르겠어요. 아빠는 자기 멋대로 해요. 엄마한테도 함부로 하고 우리한테는 집안일이든 뭐든 명령만 하고. 정떨어져요.
>
> 지휘자: 화자님은 아빠를 대할 때 한 가지 모습으로만 대하시나요?
>
> 화자: (생각하다가) 아니요. 아빠 앞에 서면 저는 아기 아니면 투사가 되어야 해요. 기분 좋은 자상한 아빠 앞에서는 애교 떨며 찡찡대다가, 아빠가 험악하게 나오면 가지고 있는 모든 것을 무기로 만들고 싶은 마음만 든다니까요.
>
> 지휘자: 그렇군요. 아빠 앞에서 아기 아니면 투사가 되는군요. (배우들을 가리키며) '두 마음'을 보시죠.

이후에 배우들은 짝을 이루어 한 명은 아기, 한 명은 투사로 화자의 특징을 잡아 연기를 합니다. 그 모습을 보고 화자는 눈물을 줄줄 흘리죠. 이렇게 지휘자는 플레이백 시어터의 절차대로 극 전체를 진행하고, 배우는 짧은 연기를 하고, 악사는 어울리는 음악을 연주해요. 이윽고 악사의 실로폰 소리와 함께 극이 끝나요. 화자는 소감을 말합니다.

> 화자: 난 아빠 앞에서 똑같이 불쌍하군요. 문제는 아빠가 아니었나봐요. 난 왜 이렇게 쫄보인 거죠?

그 관객이 흘린 눈물은 자신의 삶에 어떻게든 영향을 주지 않았을까요? 적어도 아빠와의 관계를 지금까지와는 다른 방식으로 고민해봤을 거라는 생각이 들어요.

연극을 보거나 할 때 일어나는 치유 효과는 연극이 '실시간'인 만큼, 한 공간에서 함께 숨 쉬는 생생한 에너지를 공유하기 때문에 극대화되죠. 보통 우리의 고민과 욕망은 그 극장의 그 시간 이전이나 이후, 어느 곳에 자리한 어떤 것이에요. 그런데 연극은 순식간에 그 과거와 미래를 '여기 이곳'으로 호출해요. 이런 연극의 실시간성이 주는 생생함이 배우에게는 연극적 긴장이 되고, 관객에게는 연극적 반추를 가능하게 하죠.

모든 사람의 영혼을 담은 시간

연극은 예술가 1인으로 이루어지는 경우가 흔치 않아요. 물론 혼자 극본을 쓰고, 혼자 연기하고, 혼자 무대와 조명 그리고 음향까지 모두 준비할 수는 있지만, 대개는 여러 사람이 함께 만들어요. 연극 한 편 상연하는 데 걸리는 시간은 두 시간 남짓이지만, 그것을 완성하기까지의 과정은 함께 만든 사람들의 '영혼을 담은 시간'을 포함하고 있어요. 그래서 선생님도 학생도 연극하기를 꺼리거나 두려워하는지도 모르겠어요. 짧은 순간 존재했다가 '펑' 사라지는 그 시간을 위해서 기획자, 연출자, 배우, 무대팀, 조명팀, 음향팀, 미술팀, 홍보팀, 진행팀까지 여러 사람이 힘들게, 오래도록 고민해야 하기 때문이죠.

한 대안학교에서 초등학생들로 구성된 어린이 극단이 연극을 만든 적이 있어요. 대본은 아이들과 선생님이 같이 썼어요. 다른 선생님들은 아이들을 도와서 무대를 만들고 의상과 조명, 음향 등을 준비했어요.

드디어 연극을 무대에 올리는 날이 왔어요. 여느 극단들처럼 소극장을 빌리고 포스터와 초대장을 만들어 발송하고 관객을 모았어요.

그중 가장 기억에 남는 공연은 전태일 열사의 삶을 담은 〈스물한 살〉이에요. 초등학생들이 하기에는 조금 어렵고 무거운 주제일 거라 생각했는데, 아이들은 생각보다 이야기를 잘 풀어 갔어요. 삶의 마지막 순간, 전태일 열사의 외침을 어떻게 풀지 공연 일주일 전까지 토론을 거듭했죠.

그때 저는 미술팀의 일원으로 소품을 제작하고 무대 배경을 꾸미고 공연 1~2일 전에 포스터를 붙이는 역할을 맡았어요. 공연 당일에는 짐을 옮기고, 공연 때는 무대 뒤에서 배우들이 무대에 나가는 것을 도와주었어요. 공연이 끝나고는 무대를 정리하고 짐을 다시 싸서 학교로 가져와서 정리했어요. 그러다 보니 정작 무대 위에서 배우들이 펼치는 연기를 보지 못했어요. 그런데도 아주 중요한 역할이었기에 기쁜 마음으로 했고, 연극이 끝나고 뿌듯하고 흥분된 마음을 감출 수가 없었어요.

이 어린이 극단의 예에서 보듯 연극에서는 모든 사람이 다 자기 역할이 있고, 모두가 자기 역할을 해주었을 때에야 비로소 연극이 무대에 오를 수 있어요.

우리가 함께 만들어가고 있다

연출자나 배우, 스태프 등으로 역할이 나뉘었다고 해서 연극을 분업화 작업이라고 표현하지는 않아요. 각자 전문적이고 고유한 역할로 공연이라는 공동의 목표를 위해 협업한다고 하죠. 이 과정에서 다양하게 모인 많은 사람이 '우리가 함께 만들어가고 있다'라고 느끼게 되는 거예요. 한 편의 공연이 무대에 오르기까지, 혹은 무대의 막이 내리고 극장 문이 닫히는 순간까지 만든 사람들의 에너지로 가득 차 있어요. 그렇기에 연극은 기본적으로 나누고, 이해하고, 공감하는 틀입니다. 이 틀을 사용해 우리는 우리 삶 곳곳에서 평화를 만들어갈 수 있어요. 내 마음속에서도, 매일 만나는 학교 교실에서도.

우리 같이 '평화' 연극 한 편을 만들어보는 건 어떨까요?

무엇이 평화 연극일까요? 우리 각자가 생각하는 평화 연극이 무엇인지 말해볼까요? 각자가 생각하는 평화가 다를 수 있어요. 어떤 사람은 싸움이 일어나지 않고 조용히 지내면 평화라고 생각할 거예요. 어떤 사람은 뒷말이나 사이버 폭력 같은 게 모두 사라져야 평화라고 느낄지도 몰라요. 평화를 이루기 위해서는 우리 모두 어떤 노력을 기울여야 하는지 구체적으로 이야기를 나누어봐요. 그리고 그것을 극본으로 써보는 거예요.

그 평화가 어떤 인물(캐릭터)을 통해 가장 효과적으로 드러날지도 고민해야 해요. 캐릭터를 만들어야 하죠. 연극은 '순간 메시지'로 관객에게 전달되기 때문에 인물을 정교하게 만들어야 해요. 이때도 배우가 혼자 고민하기보다는 상대 배우나 연출자 등에게 조언을 구하면 더 좋겠죠. 이 인물들이 우리만의 스토리텔링(플롯)으로 어떤 상황과 사건을 만들어가고, 갈등과 문제를 해결해나가게 돼요. 이 스토리를 더 입체적으로 만들기 위해 좋은 대사(딕션), 음악 효과, 무대 효과 등이 필요한데, 이것을 여럿이 함께 함으로써 협력적 예술, 연극이 완성되죠.

수줍음이 많아 친구 사귀는 게 쉽지 않았던 중3 남학생이 있었어요. 이 학생은 용기를 내 연극 동아리에 들어왔고 음악을 맡았어요. 그리고 그동안 '혼자 들을 수 있어 좋았던 음악'을 연극 장면에 넣어 공연 성공의 일등공신이 되었어요. 또 가을 분위기를 내기 위해 낙엽을 200리터 종량제 봉투 3개에 꾹꾹 모아온 고1 여학생은 그 공연 장면의 진정한 주인공이었어요. 아무리 작은 역할이라도 꼭 필요한 일을 해낸 경우라고 볼 수 있죠.

우리의 연극 작업은 서로가 서로에게 영향을 주고 그 영향으로 세상에 하나밖에 없는 연극을 만들어내게 해요. 어려운 예술, 쓸데없는 긴장이 아니라 우리를 살아 있게 하고, 함께하는 사람들과의 우정이 모락모락 솟아나게 하는 연극을 우리도 한번 만들어봐요. 우리 삶이 더욱 풍요롭고 평화로워질 거예요.

'상상'과 '변형'으로 다시 보는
나의 인생 연극

연극을 본격적으로 시작하기 전에 간단한 활동을 해볼까요?

여기 막대기 한 자루가 있어요. 그냥 평범한 막대기이지만, 여러분이 이것을 막대기가 아닌 다른 어떤 것처럼 보이게 할 수 있어요. 어깨에 얹고 켜는 시늉을 하면 바이올린처럼 보일 수 있고, 껍질을 벗겨서 먹는 동작을 취하면서 "아, 달다"라는 대사를 한다면 바나나가 될 수도 있어요. 이렇게 '상상'의 힘으로 우리는 사물과 상황을 '변형'시킬 수 있어요. 이런 간단한 상상과 변형 활동만으로도 연극적인 약속과 형태가 나타나요. 상상 1을 보고 상상 2를 한번 해보세요.

	동작	대사 (필요하면)	변형
상상 1	막대기를 어깨에 얹고 켜는 시늉	찐찌지진~ 찐찌지진~	막대기 → 바이올린
상상 2			

이대로 좋은가? 바뀔 수 있지 않을까?

이번엔 막대기 없이 상상과 변형 활동을 해봅시다. 다음 페이지의 몸동작 그림은 무엇을 표현하려고 한 것일까요? 제목을 달아보세요. 똑같은 동작을 보고도 사람마다 다른 제목을 붙이는 것도 상상과 변형 활동이라고 할 수 있어요.

우리가 같은 예술 작품(연극)을 보고 서로 다른 이야기를 나누는 상황을 자주 볼 수 있어요. 얼굴, 머리카락, 옷차림까지 고려하면 완전히 다른 캐릭터가 탄생할지도 몰라요. 한편 같은 제목의 다른 조각상을 만들어볼 수도 있죠.

다음 표에 제시된 '대한민국'이라는 단어를 자신의 몸을 활용해서 정지 장면(조각상)으로 만들어보고, 간단하게 그려보세요. 그리고 그렇게 표현한 이유도 적어볼까요? 세상에 하나뿐

몸동작 그림	제목 _____
	무엇을 표현한 것인가?

조각상 제목 '대한민국'	몸동작 그림
오른쪽처럼 표현한 이유	

인 심상이 그려질 것입니다.

막대기 하나가 상상의 힘으로 다른 것이 될 수 있다는 발상은 어쩌면 시시할 수도 있지만, 인류 문명의 발전은 상상력의 결과물로 구성된다는 것을 아시나요? 이전 시대에 공상과학 영화 속에서나 보던 장면을 지금 실제 현실에서 보는 것도 있죠. 과학적 상상력만 그런 것이 아니에요. 사회적 상상력으로 우리 시대의 결핍이나 곤란을 해결하려는 여러 가지 시도가 있어요. '우리가 이렇게 주렁주렁 많은 것을 가지고 살아야만 할까?'라는 물음에서 시작한 미니멀 라이프는 소박한(특히 물질적으로)

생활의 즐거움과 가치를 발견하게 해주었죠.

이렇게 상상과 변형은 실제의 내 삶을 변혁시킬 수 있는 의미 있는 사고 습관이에요. 그러기 위해서는 '이대로 좋은가?'라는 의심 혹은 '바뀔 수 있지 않을까?'라는 기대가 있어야겠죠? 그리고 내 일상을 세밀하게 관찰해야 나올 수 있는 질문을 가져야 해요. '우리 반이 이래도 될까?' '괴롭힘을 당하는 친구를 어떻게 도울 수 있을까?' 등의 질문이 상상의 답변을 만들고, 그것을 현실의 행동으로 옮기는 작업이 계속된다면 우리는 현실의 노예가 아닌 당당한 인생의 주체가 되는 더 올바른 길을 걷게 될 거예요.

이런 상상과 변형의 의지를 가진 질문들로 책을 읽어도 되고, 그에 관한 생각을 시나 글로 표현할 수도 있어요. 그렇다면 상상과 변형의 질문들을 '연극적으로' 풀어낸다면?

대학 입시를 한참 준비하다가 갑자기 그만두게 된다면 어떻게 될까요? 대학 입시를 위해 취미, 우정 등 포기하는 게 많았다면 더 혼란스럽겠죠. 하지만 연극은 안전해요. 연극에서 대학 입시 포기 선언을 하는 것은 부담이 없어요. 대학 입시 대신에 선택할 수 있는 여러 가지의 경험을 상상하고 재현해볼 수 있어요. 이렇게 연극은 우리의 현실적 제약과 금기를 '일시 해제'하여 추리, 상상 등의 사고를 가능하게 합니다.

험악한 학교폭력의 실상을 연극으로 되짚는 과정을 통해 실제 우리 교실에서는 폭력이 아닌 평화로 대화하고, 교류할 수 있는 방법을 익히는 '학교폭력 예방 연극'은 이러한 인문적 상상과 변형의 실제 사례라고 할 수 있어요.

내 인생 각본을 상상하고 변형하기

우리 인생도 마찬가지예요. 태어난 나라나 부모를 내가 선택할 수 없기에 내 인생도 타고나는 것이라고 생각하기 쉬워요. 그래서 운명을 믿고 탓하고 핑계 대고요. 어쩌면 운명론은 자신의 무기력을 합리화하는 최강의 이론일 수 있어요. 이렇게 수동적으로 인생을 살다 보면 '어쩔 수 없다' '한계다'라는 한탄으로 수많은 곤란을 비합리적으로 방치할 수밖에 없죠.

내 인생 각본을 직접 써본다면 어떨까요? 모국이나 부모를 바꿀 수 없다고 하더라도 나 자신만 놓고 생각한다면 상황을 바꿀 수 있지 않을까요? 그러려면 먼저 나 자신이 어떤 인물(캐릭터)인지부터 분석해보는 게 필요해요. 자, 이렇게 한번 생각해봐요. 어느 초등학교 6학년 학생은 자신을 다음과 같이 비유했어요.

나는 빗물이다. 구름이 무거워져서 비가 내리듯이 마음에 억울함이 하나하나 쌓이다가 폭발하는데, 결국은 아무것도 아닌 일에 울컥하여 막 울게 된다. 나는 쌓인 게 많아서 우는데, 보는 사람들(특히 엄마)은, 너 또 우니? 남자애가 왜 그 모양이냐, 하면서 뭐라고 하기만 한다. 난 또 그게 쌓인다.

늘 표정이 어둡고 사소한 시비에도 툭하면 눈물을 흘리던 학생의 그 글은 충격이었어요. 그 학생의 어머니도 그 글을 보고 놀라움과 슬픔을 감추지 못했죠. 알고 보니 가족 모두가 이 아이를 공부 잘하는 형과 자주 비교하며 안타까워했다고 해요. 안타까움은 아이 자신에 대한 부정과 자존감 하락으로, 비교는

억울함과 분노로 이어진 것인데, 자기가 생각해도 형보다 못나게 태어났기 때문에 당연히 받아들여야 한다고 생각한 모양이에요. 하지만 애써 자신을 억누르는 데도 한계가 있었겠죠? 복도에서 친구들과 부딪친다든지, 수행평가 결과가 만족스럽지 않다든지 하는 사소한 일에도 툭하면 눈물을 보이곤 했어요.

그런데 이 인생 각본을 학생 자신과 가족, 선생님이 함께 읽게 되면서 놀라운 변화가 시작되었어요. 우선 가족은 아이의 학업 성적이 조금 떨어져도 형과 비교하지 않게 되었어요. 더 나아가 아이가 무엇을 잘하고 좋아하는지 알고는 적극적으로 도와주었어요. 아이가 글을 잘 쓴다는 사실을 알고는 가족이 함께 캐릭터 시 짓기를 하면서 대화를 늘려갔어요.

시를 매개로 이야기하니 자연스럽고 풍성한 내용의 대화가 이뤄지고, 이런 대화는 당연하게 즐거운 작업이 되어 가족의 문화를 바꿨죠. 그동안 서로의 마음을 들여다보기보다는 겉으로 보이는 말과 행동만 가지고 서로에게 생채기를 냈어요. 그러나 이제는 서로의 생각이나 감정이 어떤지 알고 싶어 하면서 서로를 보는 시선도 많이 달라지게 되었죠.

나라는 사람을 객관화해서 인물 분석도 해보고, 여러 가지 가능성을 열어놓고 생각하는 습관을 기른다면 내 인생이 달라질 수 있어요. 나보다 공부 잘하는 형의 존재는 여전하지만, 그것을 이유로 내가 비굴하거나 나약해지지 않아도 되죠. '빗물' 학생은 지금 문예창작과를 지망하는 청소년 시인으로 맹활약하고 있어요. '못 말리는 울보' 인생 각본이 계속되지 않고, '남다른 시인' 각본으로 행복한 인생 연극의 2막을 연 거예요. '인생은 한 편의 연극'이라는 말은 이렇듯, 인생이 자신의 의지와 표현으로 얼마든지 다른 수준, 다른 형태로 펼쳐질 수 있다는 뜻이에요.

여러분의 인생은 어떤 연극이었나요?

인생 각본˚은 이렇게 자신의 삶을 스스로 열어나갈 수 있게 여러 가지 현실 팁을 제공해요. 내 인생 각본은 무엇일까요? 그리고 나의 인생은 어떤 연극이었을까요?

• 연극에서 말하는 극본과 비슷한 것으로, 이 세상을 무대로 본다면 우리의 삶도 자신의 각본에 따라 살게 된다는 것이다. 자기도 모르게 잠재의식에서 정한 목표와 방법대로 살아간다. 대표적인 인생 각본에는 승리자 각본, 패배자 각본이 있다.

몇 년 전에 '연극적 관점'에서 나의 인생을 되짚어본 적이 있어요. 나는 강물처럼 유유히 흐르면서 이 사람 저 사람에게 고마움을 주고 싶은 사람이었어요. 하지만 실제로는 감정적이고 분위기도 많이 타는 성난 파도와 비슷했어요. 바닷가에 서 있으면 쉴 새 없이 밀려와서 발을 적시는 성난 파도 말이에요. 그랬기에 바닷가에 서 있는 사람들을 당황스럽고 무섭게 만들었죠. 그것도 한 번도 아니고 끊임없이 다가오는, 이른바 '불사신' 각본을 가지고 있었던 거예요.

나의 인생 각본을 깨닫는 순간 많은 것들이 바뀌었어요. 다른 사람들이 보이기 시작했고, 다른 사람들의 말에 귀를 기울이게 되었어요. 이전에는 다른 사람들과 이야기를 할 때도 나만 잘났고 나만 옳다는 생각으로 밀어붙였어요. 먹고 자는 시간도 들쭉날쭉이었는데, 어느 정도 규칙적인 생활도 하게 되었고요.

바로 이런 효과 때문에 나의 삶을 연극적 관점에서 바라보라고 하는 거예요. 연극의 '신묘한 힘'은 그것을 만드는 데 참여한 사람들로 하여금 모두 같은 말을 하게 해요. 〈여우야 여우야 뭐 하니〉 노래 속의 여우처럼 갑자기 "살았다"라고 하면서 자신의 존재감을 드러내게 될지도 모릅니다.

놀이꾼: 한 고개 넘어서 (두 고개 넘어서, 세 고개 넘어서) 아이고 다

리야. 여우야 여우야 뭐 하니?

여우: 잠잔다.

놀이꾼: 잠꾸러기. (한 고개 넘어서) 두 고개 넘어서 (세 고개 넘어
　　　서) 아이고 허리야. 여우야 여우야 뭐 하니?

여우: 세수한다.

놀이꾼: 멋쟁이. (한 고개 넘어서, 두 고개 넘어서) 세 고개 넘어서 아
　　　이고 어깨야. 여우야 여우야 뭐 하니?

술래: 밥 먹는다.

놀이꾼: 무슨 반찬?

술래: 개구리 반찬.

놀이꾼: 죽었니 살았니?

술래: 살았다/죽었다.

　여우는 살아 있는 개구리 반찬만 있으면 날쌔게 튀어나와
놀이꾼들을 달음질치게 하죠. 여우가 연극이라면, 자신의 인생
서사를 잘 되짚어보고 그걸 연극으로 표현하기 위해 노력하는
개구리를 정말로 살아 있게 만들어서 통통 튀게 하지 않을까
요? 자신의 인생을 그저 불평불만으로 채운다면? 또 남의 삶에
도 이러쿵저러쿵하면서 삶을 부정적으로만 만드는 놀이꾼들
은 이 생생한 연극을 향한 도전 앞에서도 도망가고 말 거예요.

아름다운 나의 인생 서사시를 위한
'자기우정' 대화 연습

　매일 아침 눈을 뜨면 나에게 우정 어린 말을 건네보세요. 바로 '자기우정' 대화예요. 아래 18가지 자기우정 대화 중에서 매일 아침 나무에 물을 주듯 나에게 들려주고 싶은 대화를 3가지 이상 골라 들려주세요. 매일매일 나를 향한 사랑이 자랄 거예요.

자기개방 (나 자신에게 솔직하기)

　사실은 내 잘못도 어느 정도 있는데, 친구랑 싸우다 보니 감정이 격해져서 사과를 제대로 하지 못했지? 지금 생각해보니 그렇게 고집부릴 일도 아니었는데 말이야. 창피하기도 하고 어색하기도 한데 어쨌든 미안하다고 말해야겠다. 내 잘못이야.

자기약속 (스스로 정한 일을 완수하려고 노력하기)

　오늘 아침에 학교에 가기 전에 방에서 나오면서 '오늘은 꼭 방을 치워야겠다' 생각했어. 엄마 아빠가 방 정리를 시킨 것은 아니지만, 내가 보기에도 내가 어질러놓은 물건들이 눈에 거슬렸잖아. 아무도 시키지 않은 일을 스스로 결정해서 한다는 것은 중요한 것 같아. 이런 결심을 하는 것만으로도 어른이 된 것 같은 기분이야.

자기격려 (자신에게 용기를 주고 응원하기)

아무리 노력해도 왜 성적이 오르지 않는 걸까? 수업 시간에 집중하고 열심히 하는데도 평균 올리는 게 쉽지 않단 말이야. 비록 원하는 점수는 얻지 못했어도 난 열심히 노력했어. 누가 알아주지 않아도 정직하게 묵묵히 나의 일에 최선을 다하고 있잖아. 그러다 보면 언젠가 내 꿈을 이룰 수 있을 거야. 오늘 내가 흘린 땀 방울방울이 미래의 나를 만들 거야.

자기극복 (자신의 부족함이나 악조건 이겨내기)

새 학년이 되면 스스로가 위축되는 걸 느껴. 다른 애들은 다들 친구가 있는 것 같은데 내가 그 사이에 끼는 게 아닐지, 내가 다가갈 때 나를 이상한 아이로 보지 않을지 하는 걱정을 해. 원래 난 그런 성격이 아닌데, 엄청 밝고 재밌는 아이인데, 매번 누가 나에게 다가와주기만을 기다렸던 것 같아. 그런데 그렇게 기다리다가 아무도 안 온다면! 아, 생각만 해도 싫다. 그래, 올해는 좀 다르게 살아보자. 먼저 내 짝한테 말 걸어보기부터 시도해볼래. 그러다 보면 아이들이 내 진가를 알아봐주겠지!

자기비움 (생각과 과업을 일시적으로 보류하기)

왜 이리 할 일이 많을까? 수행평가에 학원 숙제에……. 뭐부터 해야 할지 모르겠어. 결국 뭐 하나 끝낸 것도 없이 시간만 지나갔다. 억울하기도 하고 지치기도 한 날이다. 어차피 더 하겠다고 앉아 있어도 끝낼 수 있을 것 같지 않다. 잠시 멈추자. 괜찮다. 오늘은 그만하자. 자전거로 동네 한 바퀴 돌고 와야겠다.

자기위로 (나의 슬픔을 받아주고 달래주기)

이번 일은 너무 힘들다, 그치? 너무 슬프고 힘들어서 기운을 차리기 힘들 정도야. 그동안 마음고생 많이 했어. 누구라도 이런 상황에서는 힘들 수밖에 없을걸. 괜찮아, 그냥 울어도 돼. 그냥 힘들어해도 돼. 두 손으로 나를 안아줄 거야. 마음이 슬퍼 몸도 약해진 것 같다. 이제 잠도 충분히 자고 밥도 꼬박꼬박 챙겨 먹자.

자기해학 (재치 있는 생각으로 자신에게 웃음 주기)

잊을 수 없는 음악 수행평가였어. 떨려서 노래를 망쳐버렸지 뭐야. 개구진 녀석들이 좀 놀리긴 했어도 뭐, 할 수 없지. 내가 노래까지 잘 해봐. 애들이 세상은 불공평하다고 할걸. 선생님도 그러셨잖아. 다들 긴장하고 있었는데 내가 큰 웃음 줬다고. 실수하지 않는 인간은 없지. 난 역시 인간미가 넘치는 아이야!

자기신뢰 (자신을 의심하지 않고 믿어주기)

대회를 앞두고 같은 실수를 반복할까 봐 좀 걱정이야. 이 불안한 마음, 이미 트라우마가 된 걸까? 아니야. 이번 도전을 위해 난 누구보다도 땀과 노력을 쏟아냈지. 불안감이 내 안에 비집고 들어올 만큼 여유가 없다. 친구들도 응원하겠지만 난 나 자신의 열정을 믿어. 나에 대한 믿음은 단단히 기둥이 되어 흔들리지 않게 지켜주지.

자기예의 (바른말과 몸가짐으로 자신을 존중하기)

반 애들 절반은 입에 욕을 달고 사는 것 같아. 무슨 대화가 남 뒷담화가 전부냐. 그 사이에 끼자니 어지럽고, 안 끼자니 애들이 적응 못하는 애로 볼까 봐 걱정되기도 해. 하지만 말 하나가 인격을 만든다잖아. 내 말과 행동에 부끄럽고 싶지 않아. 내 품위를 떨어뜨리면서 사귀는 친구가 진짜 좋은 친구일까 싶어. 바른말을 하는 것은 나를 존중하는 길이라고 생각해. 난 소중하니까.

자기인내 (괴로움이나 어려움을 참고 견디기)

친구 문제로 전학 왔는데 이곳에서도 쉽진 않네. 나에 대한 소문이 이상하게 도는 것 같고. 눈에 띄고 싶지 않은데 조용히 살기도 힘들어. 그런데 이번엔 피하고 싶지 않아. 타협하지 않을 거야. 내가 마음먹은 만큼 휩쓸리지 않을 거야. 남들에게 어떻게 보이는지 신경 쓰지 않고 쉽게 포기하지 않고 내 길을 갈 거야.

자기평등 (자신과 타인을 비교하여 우열을 가리지 않기)

언니는 안 그래도 예쁘게 생겼는데 여드름도 안 나네? 앞집 친구는 성적이 좋아도 너무 좋은 전교 1, 2등이라니 은근히 기가 죽니? 내 폰이 몇 년 전 거여서 속상하니? 하지만 생각해봐. 그런 외적 기준들이 그 사람들을 만드는 게 아닌 것처럼 너도 너 자신이 '인간다운 가치'를 가지고 있다는 것을 잊지 마. 함부로 남과 비교해서 스스로를 차별하는 것처럼 어리석은 일이 있을까?

자기비판 (자신의 잘못된 행동과 생각을 살피기)

학습회의 진행을 하다가 입 다물라는 영지의 말에 상처를 받았어. 나는 옳은 일을 했다고 생각했는데. 영지는 나를 싫어하는 걸까? 나로 인해 부반장에 떨어져서 질투하는 걸까? 왜 내 말을 따르지 않지? 우리 반 애들 중에 나를 좋아하는 애들이 몇이나 될까? 다음 날, 점점 늪으로 빠져드는 나와 달리 영지는 무슨 일이냐는 듯 아무렇지 않게 나를 대했어. 피식 웃음이 나더라. 내가 좀 목소리가 커서 애들이 불편했던 거야. 내 열정을 몰라줘서가 아니라 좀더 생각해보니 그동안 침소봉대했던 것 같아. 나를 돌아보며 나 스스로를 훌륭하게 고쳐봐야겠어.

자기환대 (자신에게 친절한 미소로 대하기)

학교에 갔는데, 친구들이 각자의 일이나 다른 친구들과 이야기하느라 아는 척을 하지 않아서 어색하고 민망하지? 남들이 나를 열렬하게 환영하지 않는다고 해서 금방 시무룩해지는 것은 나 스스로의 환영 인사를 예사로 생략했기 때문은 아닐까? 어디서든 미소를 띠며 나 자신을 따뜻하게 바라보고 맞이할 것. 기억해!

자기돌봄 (자신의 부족한 점을 스스로 채우기)

우리 집은 그리 넉넉하지 않아. 하지만 나는 환경을 탓하지 않아. 나는 최선을 다해서 학교생활을 하는 스스로가 자랑스러워. 무엇보다 이번 시험에서 목표를 이루기 위해 열심히 노력했던 피곤이 행복한 여운으로 남아. 누가 시키지 않아도 목표한 공부량을 채우는 것이 이렇게 기분 좋을 줄 예전에는 미처 몰랐어.

자기애도 (슬픈 기억을 딛고 다시 일어서기)

할머니가 돌아가시던 날, 비가 추적추적 왔어. 슬픈 날에 비까지 오니까 마음이 더욱 안 좋더라고. 할머니는 유난히 나를 귀여워해주시고, 엄마 몰래 용돈도 곧잘 쥐어주셨지. 지금도 할머니의 쪼글쪼글하고 따뜻하던 손이 생각나. 돌아가신 게 실감 나지 않지만 돌아가셨다는 사실을 인정하고 충분히 슬퍼해야겠어. 할머니를 그리워하는 시도 쓰고 할머니 사진을 보고 초상화도 그려볼 거야. 그리고 할머니가 여전히 기특해하시도록 다시 씩씩해져야지.

자기순화 (스스로를 평화롭고 순수하게 만들기)

같은 하늘 아래 살고 있지만, 모두 평화에 한몫하는 것은 아니야. 때로는 끔찍하고 불쾌한 일들이 일어나기도 하지. 그럴수록 내 마음의 평화를 잃지 않고 사람과 세상을 좋아하는 순수한 마음을 키워나가야지. 그런 의미에서 이렇게 하루 동안의 일을 돌아보는 나만의 시간이 참 소중해. 쓸데없이 흥분했던 일, 섣부르게 친구를 오해했던 일들이 되새겨지면서 내가 조금씩 성장하는 게 느껴져.

자기숙고 (자신을 객관적으로 자세히 살펴보기)

한 번 더 생각해보자. 내가 친구들에게 이 말을 하는 게 좋을까? 아니면 그냥 참을까? 내가 이 말을 하면 친한 애들이 나를 불편하게 생각하지는 않을까? 그렇다고 내가 말을 하지 않으면 친구들이 내 감정을 모르고 다음에도 또 나를 속상하게 하는 말을 생각 없이 할지도 모르잖아. 친구들이 악의 없이 한 걸 아는데 예민하게 굴 필요는 없지 않을까? 굳이 말해서 서로 어색해지는 건 더 싫은데……. 어떻게 하지? 아니야, 친한 친구니까 내가 말을 잘 전달한다면 기분 나빠하지 않고 내 말을 들어줄 거야. 난 우리 우정을 믿어.

자기축하(스스로 축하하고 행복을 빌어주기)

오늘 책 한 권을 다 읽고서 마음이 벅차서 나 스스로에게 상을 주기로 했어. 모아놓은 용돈으로 문방구에 가서 시원한 콜라 맛 슬러시를 한 잔 사먹었지. 사실 한 달에 책 한 권 읽기는 우리 반 애들도 다 하고 있는 거라 남들한테 자랑할 건 아니지만, 내가 얼마나 책 읽기를 싫어하는데……. 아무리 생각해도 내가 기특해. 상받을 만해.

자기우정 대화에 익숙해지셨나요? 그렇다면 이제 노트를 꺼내 자신만의 자기우정 대화 18가지를 만들고 매일 3가지씩 들려주세요. 이 대화에 익숙해지면 주기적으로 업데이트해 다시 써 보세요. 1개월 간격도 좋고 3개월 간격도 좋아요.

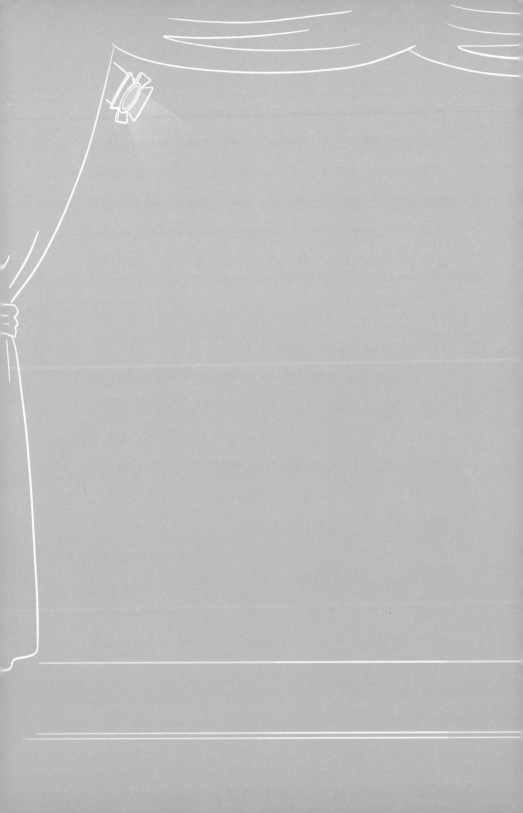

2막
우리는 왜 연극을 볼까?

연극을 이루는 것들

여러분은 연극 하면 무엇이 떠오르나요? 혹은 연극은 무엇으로 이루어진다고 생각하나요? '연극 하면 떠오르는 것' '연극을 이루는 요소'에 해당하는 낱말을 아래 주어진 단어에서 고르거나 머릿속에 떠오른 것을 76쪽 가로세로 4칸 속에 적어 보세요.

배우, 관객, 극본, 무대의상, 무대, 조명, 객석, 대사, 독백, 대화, 극장, 작가, 영웅, 악역, 주인공, 조연, 단역, 연출가, 춤, 노래, 음향효과, 코미디, 로맨스, 비극, 소품, 무대장치, 무대그림, 애드리브, 포스터, 티켓, 제작자, 연기, 거짓말, 분장, 흥행

다음, 여러분이 쓴 것 중 없어도 연극이 되는 순서대로 하나
씩 지워보세요. 왜 없어도 된다고 생각하는지 이야기해보세요.
마지막으로 남은 두 개의 단어는 무엇인가요? 이 작업을 친구
들하고도 해보세요. 공통으로 남은 단어는 무엇인가요?

연극 한 편을 만들기 위해서는 꼭 갖추어야 할 것들이 있어
요. 이것을 연극의 4요소, 3요소 또는 2요소라고 해요. 연극의
4요소는 배우, 관객, 희곡, 무대라고 할 수 있어요. 연극의 3요
소는 여기에서 무대를 제외해요. 사실 우리가 익숙하게 알고
있는 객석과 무대로 구분되어 있는 프로시니엄(proscenium) 무

대. 이것을 유일한 연극 무대라고 할 경우에는 특별한 장치가 있고, 배우가 연기하는 '약속된 공간'이 철저하게 지켜져야 하므로 무대가 필수 요소일 수 있겠죠. 하지만 요즘처럼 배우와 관객의 소통이 무엇보다 강조되는 때에는 연극판을 펼칠 수 있는 어떤 공간이든 모두 무대가 돼요. 그래서 무대는 필수 요소라고 하기에는 조금 약하죠.

자, 이제 연극의 3요소예요. 연극의 3요소(배우, 관객, 희곡)에서 가장 빠져도 되는 것은 무엇일까요? 바로 희곡이에요. 희곡이 없더라도 연극을 할 수 있어요. 이런 경우는 많아요. 일정한 대본 없이 배우 및 관객이 상호작용하며 의외의 기발함을 가진 멋진 연극이 공연되는 경우를 보면 알 수 있어요. 또 드라마나 영화 등에서 애드리브로만 만들어진 장면도 흔하게 볼 수 있어요. '대본이 있어야 연기를 한다'는 통념은 어쩌면 다시 생각해봐야 할지도 모르겠어요.

그럼 이제 배우와 관객만 남네요. 둘 중에서 빼도 연극이 되는 경우가 있을까요? 배우가 빠진다면 우리는 그것을 '연극'이라고 부르지 않을 거예요. 그렇다고 관객이 빠진다면? 흥행에 실패해 텅 빈 극장에서 공연하는 슬픈 상황도 있지만, '가상의 관객'이라도 설정해야 가능한 것이 연극이에요. 누군가가 보고 듣는다는 전제에서 배우의 연기는 메시지가 될 수 있어요.

연극 무대를 함께 완성해나가는 관객

고대 그리스에서는 관객이 연극에 참여하는 경우가 없었어요. 마치 제사를 지내는 제단처럼 무대와 관객은 완전히 분리되어 있었죠. 그러나 고대 그리스의 연극에서도 관객은 중요한 요소 중 하나였어요. 그리스 연극을 재현하는 장면에서 꼭 등장하는 게 '코러스'거든요. 당대의 유명한 시인들이 적은 시에 배우들이 음률을 붙여 읊으면 관객들이 이를 받아 함께 읊으며 마치 연극의 배경음과 같은 효과를 냈어요.

설령 배우와 관객이 직접 교류하지 않더라도 연극 중간 중간에 터져나오는 관객들의 '아~' '하하~' 하는 감탄사, 관객들의 웅성거림 등은 연극에서 빼놓을 수 없는 재미였어요. 내가 내는 소리, 옆 사람이 내는 소리가 함께 어울려 내는 시너지가 그날 연극의 분위기를 만들어갔어요.

〈셰익스피어 인 러브〉라는 영화에는 셰익스피어 시대의 연극을 묘사하는 장면이 나와요. 연극이 시작되면 관객들은 적극적으로 반응을 보내요. '아' '아휴' '저런' '우~~' 등 야유하거나 욕하는, 관객들의 이런 다양한 반응이 연극의 일부라는 사실을 잘 보여줍니다.

요즘은 연극을 보러 가면 무대 위 배우들이 객석의 관객에게 질문을 하거나 무대로 불러내기도 해요. 관객이 연극의 일부, 아니 점점 핵심 요소가 되어가고 있는 것이죠.

이렇듯 관객의 반응은 연극에 큰 영향을 줍니다. 노련한 배우들은 관객의 반응을 이용하여 극을 더 재미있고 감칠맛 나게 이끌어가요.

〈양덕원 이야기〉*라는 연극을 보면 배우가 라면을 먹는 장면에서 무대에 진짜 라면을 가지고 나와 끓여 먹어요. 관객 중 누군가가 '되게 맛있겠다!'라고 큰 소리로 외치고, 다른 관객들은 모두 웃음을 터뜨리죠. 그럼 배우들은 천연덕스럽게 라면을 먹다가 '야, 사람들이 보면 되게 맛있어 보이겠다'라는 애드리브를 날려요.

• 〈양덕원 이야기〉
몇 시간 남지 않은 아버지의 임종을 지켜보기 위해 가족들이 모인다. 하지만 아버지는 그 후로 3개월을 더 살고, 그 기간 동안 2남 1녀의 자식들은 아버지가 위독하다는 연락을 받을 때마다 고향과 서울을 오가는 생활을 한다. 그러면서 가족들은 과거의 일로, 유산 분배로 다투기도 하지만 잊고 지낸 행복한 유년 시절을 떠올리고 서로의 소중함을 확인한다. 부모님과 고향을 떠나 도시에서 각자의 삶을 살아가는 우리에게 부모란, 가족이란 무엇인지 생각하게 해주는 연극이다.

현대 연극에서는 관객을 연극에 참여시키는 경우가 많아요.
사전에 약속된 것이 아니라 즉흥적으로 배우가 아닌 관객이
무대에 등장하면서 벌어지는 재미있는 상황, 우연히 벌어지는
상황이 관객을 더욱 연극에 몰입하게 해요. 이런 시도가 배우
와 관객 사이의 경계를 허물어줘요.

〈염쟁이 유씨〉*라는 연극에서 유씨는 관객 중 한 명에게 조
수 역할을 줘요. 배우는 관객을 불러내어 '이거 입어' 하며 옷
을 입게 해요. 배우가 된 관객이 그 옷을 입고 어색하게 서 있
으면 '어디서 왔어? 일해야지 뭐 해, 그러려면 왜 왔어?' 하며

• 〈염쟁이 유씨〉
집안 대대로 내려오는 가업인 염(장례)을 이어받아 자신도 평생 염
쟁이로 살아온 유씨. 그는 마지막 염을 하기로 결심하고 기자(관
객)에게 '반함', '소렴', '대렴', '입관'에 이르는 염의 전 과정을 보여
주고, 귀신과 놀던 일, 장삿속으로만 시신을 대하는 장의업체, 자신
이 염쟁이가 된 과정, 성수대교 붕괴, 골리앗타워 농성 등 우리 사
회에서 일어난 죽음과 관련한 사건들을 이야기해준다.
염쟁이 유씨는 자신의 삶과 일을 하면서 만난 다양한 사람들의 죽
음을 말하고, 관객은 그의 독백을 통해 삶이란 무엇인지 생각하게
되는 연극이다. 김인경 작가가 연극인 유순웅을 염두에 두고 썼다
는 이 연극은 배우의 독보적인 힘을 보여주는 1인극이다.

긴장도 풀고, 웃음도 유발하며, 관객을 역할로 끌어들이죠. 무대로 호출된 관객은 연극이 진행될수록 자기도 모르게 연극의 일부가 돼요. 관객들은 점점 유씨의 이야기에 몰입하게 되죠.

아우구스토 보알의 사회 변혁

교육을 목적으로 하는 연극(교육 연극)에서는 공연 중간에 관객에게 질문을 던지고 토론하며 결말을 만들기도 합니다. (연극을 잠깐 멈추고) '여기까지 본 것 어땠어요?' '어떤 부분이 속 터졌어요? 어떤 부분을 바꾸고 싶어요?' '그럼 이렇게 해볼까요?' 하는 식으로요. 그리고 관객들의 반응을 보고 연극의 결말을 정하는 '열린 결말'의 형태를 가진 연극도 있어요. 결말을 관객의 몫으로 의문문으로 남기는 거죠. 연극 속의 인물이 앞으로 어떤 선택을 할지 연극에 함께 참여한 사람들에게 생각하게 하면서 관객과의 소통을 이끌어내요. 관객들은 배우를 보면서 '저 사람의 기분은 어떨까?' '집으로 갈까? 집으로 안 가면 어디로 갈까?' '학교로 갈까, 아니면 친구네 집으로 갈까?' 각자 다른 생각을 하게 되죠.

관객과의 호응을 아주 적극적으로 활용한 열린 결말의 연극으로 사회를 바꾸려고 한 사람도 있었어요. 브라질의 민중 연극 작가인 아우구스토 보알(Augusto Boal)*이에요. 엄격한 법이 만들어지는 국회를 연극 공연과 생생한 논쟁이 이어지는 후끈후끈한 토론의 장으로 만든 '입법 연극'의 창시자죠. 그는 '법'의 본질은 알기 어려운 문장들이 아니라 국민이 편안하게 살기 위해 필요한 것이라는 걸 잘 알았어요. 그가 시도했던 입법 연극은 '참여 연극'이에요. 가정폭력처럼 반드시 고쳐야 할 사회 문제를 연극으로 체험해보면서 진짜 나의 문제로 인식하게 만들어 국민들의 많은 호응을 얻었어요.

그는 아르헨티나에서 가정폭력이 아주 심했을 때, '집에서 맞고 사는 사람 다 와서 보세요'라며 관객을 모았어요. 그리고 가정폭력 피해자들을 대상으로 폭력적인 남편과 그런 남편에게 맞대응하지 못하고 맞고 사는 아내의 적나라한 연극을 무대에 올렸죠.

―――――――――― ·)0(· ――――――――――

• 1931~2009. 브라질의 연극 연출가, 연극 이론가이자 정치가. 일명 '억압받는 자들의 연극(Theatre of the Oppressed)'의 창시자이며 진보 운동 및 입법 개혁 등에서 연극을 적극적으로 활용했다. 관객의 능동적이고 자유로운 참여를 바탕으로 사회적 의견을 피력하도록 히며 대표적인 방법으로 포럼 연극(토론 연극)이 있다.

그는 여기서 한 발 더 나아가 무대의 결말을 오픈해서 관객들에게 극의 내용을 바꿔보자고 했습니다. 그랬더니 매 맞고 살던 아내들이 한 명씩 나와 자기 나름의 방법을 제안하기 시작했어요. '남편에게 돈을 줘요.' '예쁜 옷을 입어요.' 그런데 한 관객이 시퍼렇게 멍든 몸을 하고 나타나서 '아 답답해!' 하며 무대에 있던 몽둥이를 들어 남편 역의 배우를 때리기 시작했어요. 이것은 말이나 임기응변적인 대처로는 가정폭력 문제가 해결되지 않는다는 걸 보여주는 대표적인 사건이 되었어요. 이 사건을 계기로 아르헨티나에서 가정폭력 방지법이 통과되는 성과를 거두었습니다.

이처럼 평범한 관객도 연극의 중요한 요소입니다. 집중, 박수, 감탄, 웃음, 안타까움, 야유……. 배우의 액션 못지않은 관객의 리액션은 연극 무대의 긴장감을 높이고 배우, 스태프, 관객 할 것 없이 혼연일체가 되게 만들죠. 연극이 이루어지려면 그것을 보고 느끼는 사람, 즉 관객이 있어야 해요. 아무리 훌륭한 연극이라 하더라도 보는 사람이 없으면 전혀 쓸모가 없어요. 관객이 눈으로 보고 귀로 들어서 어떠한 것을 느끼고 발견할 때에야 비로소 그 연극은 살아 있는 연극이 됩니다.

그런데 연극을 직접 보지 않으면 절대 관객이 될 수 없어요. 연극은 '글'로 배우기에는 너무나 입체적인 성격을 갖고 있기 때문이에요. 연극을 처음 만난다는 것과 희곡을 처음 읽는 것에는 커다란 간극이 있어요. 따라서 동영상이나 TV로 연극을 보거나 희곡 작품으로 읽었다면 진짜로 연극을 만났다고 하기는 어려울 거예요.

소극장 등에서 무대 위 배우들의 연기를 직접 체험했을 때에야 우리는 비로소 연극의 한 부분인 관객이 될 수 있어요. 이렇게 연극을 직접 체험하고, 무대 위 낯선 사람들이 펼치는 이야기가 나에게 전달이 될 때 연극이 내 삶 속에 들어오게 됩니다. 연극의 '현장'으로 '직접 달려가서 체험'해야만 알 수 있는 연극의 매력이 연극을 다른 예술과 구분 짓는 것이기도 해요.

여러분이 최고의 관객이 되었던 연극은 무엇인가요? 그때 어떤 느낌, 어떤 생각이 들었나요? 연극을 지켜보는 내내 현실의 나 혹은 내 인생의 이야기가 어떤 식으로든 떠올랐다면 그것은 무엇 때문이었을까요? 그리고 그 연극을 어떤 시각으로 보아야 나는 더 성장할 수 있을까요?

우리는 왜 연극을 볼까?

'즐거움'은 우리에게 주는 삶의 선물과도 같습니다. 우리의 행복한 삶을 위해서 없어서는 안 될 소중한 감정이기도 하죠. 우리는 즐거움을 더욱 느끼고, 함께하는 사람과도 더욱 친해지기 위해 많은 곳을 찾아갑니다. 영화관, 전시회, 미술관, 박물관 관람이 대표적이고, 스포츠 경기장에서 시원하게 스트레스를 날리기도 하죠. 친구들이 노래방이나 PC방에 놀러가자고 하면 도착하기도 전에 벌써 흥분될 때도 있어요. 아주 웃긴 연극을 보러 가고 싶을 때도 있죠. 깔깔대고 웃다 보면 걱정이 사라져요. 이런 곳곳에서 느끼는 즐거움, 그러니까 연극은 감동, 재미, 상쾌함, 흥분 등을 우리에게 선사합니다.

물론 연극이 잘 맞는 사람도 있고 그렇지 않은 사람도 있을

거예요. 연극의 호불호를 가르는 기준이자 독특한 즐거움은 연극이 '보기도 하고', 그 속성 때문에 '직접 하기도' 한다는 점이에요.

관객이라고 해서 영화관이나 경기장처럼 영역이 확실히 구분되지 않아요. 소극장에서 연극을 볼 때 문득 내 호흡이 느껴졌던 순간, 인상적인 표정의 배우가 왠지 나를 작정하고 보는 것 같은 기분이 들어 소름 끼치는 경험을 해본 적 있나요? 배우들이 같은 공연이라도 할 때마다 다르다는 말은 과장이 아니에요. 그 회차에 모인 관객이 뿜어내는 에너지가 분명 있거든요. 이 에너지는 배우들에게 자극이 된다고 해요. 만약 자신의 연기가 부족하다고 생각되면 연기 훈련을 위해 일부러 다른 동료들의 연극을 보러 다닌다고 해요. 연극은 관객과 배우가 매우 밀착되어 진행되는 접촉 예술이자 호흡 예술이에요.

한편, 관객의 입장이라면 연극을 보면서 내가 고민하는 문제, 나의 두려움이나 불안감, 내 욕망에 대해서 돌아볼 수도 있어요. 무대 위에서 비극적으로 몰락하는 주인공을 보며 울기도 하고, 우스꽝스러운 상황에 맘껏 웃기도 하며 마음속 응어리가 해소되기도 하죠. 때로 배우가 던진 대사 한마디가 마음에 남아 내 인생의 명대사가 되기도 하고요. 〈에쿠우스〉라는 연극을 보고 나서 쓴 메모 중에 이런 글이 눈에 띄네요.

부모가 사실 잘못도 저지르고, 거짓말도 하는 모순된 존재라는 걸 알게 되었을 때, 아이들의 세계는 한 번 무너진다. 어떤 아이들은 반항심을 표현하며 대들기도 하지만, 표현하지 못하고 억압되기도 한다. 나는 후자였다. 속으로는 잘못된 것 같다고 생각하고, 분노에 사로잡히면서도 제대로 설명할 자신이, 어른에게 맞설 용기가 없었다. 마음속으로 기성 세대와 기존의 사회 질서는 모두 거짓으로 이루어진 허상으로 느끼며 나만의 세상을 구축하며 살았다. 책 속으로, 영화와 만화 속으로, 일기장의 짧은 글 속으로, 공상 속으로 도피했다. 억압, 고통, 거짓말로 가득한 어른들의 세상보다 내 상상 속 세상이 더 진짜 같았다. 내 인생의 어느 순간, 나도 알런과 같았다.

연극이 우리에게 주는 메시지를 중심으로

우리의 삶은 어찌 보면 한 편의 연극 같다는 생각이 들 때가 있어요. 우리 각자는 태어나서 죽기 전까지 나와 연결된 수많은 등장인물과 친해지고, 싸우고, 만나고 헤어지며 다양한 역할을 연기하는 무대 위 배우이고요.

만약 우리 인생이 한 편의 연극이라면 여러분은 지금 어떤 연극을 살고 있나요? 여러분의 인생은 비극인가요, 희극인가요? 희망을 향해 가고 있나요, 절망을 향해 가고 있나요? 폭력과 갈등으로 얼룩진 이야기인가요, 평화롭고 화목한 이야기인가요?

비극으로 끝나는 연극은 보통 실패와 좌절, 절망으로 이어지는 각본을 가지고 있어요. 어떤 사람들은 아주 작은 실패에도 쉽게 좌절하고 절망하며, 극단적인 폭력으로 이어지는 패배자의 각본으로 살아가요. 반면에 어떤 연극의 주인공은 실패에도 좌절하지 않고, 대화하며 방법을 찾고, 갈등을 해결하고, 평화로 이어지는 승리자의 각본으로 살아가죠.

연극을 보면서 단지 연극 속 이야기이겠거니 생각하는 데 그치지 않고 나의 삶에 비추어보면서 나는 폭력의 이야기를 쓰고 있는지, 평화의 이야기를 쓰고 있는지 가늠해본다면 어떨까요? 혹은 비극으로 끝난 연극을 평화의 이야기로 바꾸려면 어떤 결말이 추가되어야 할지 상상해볼 수도 있겠죠.

그래서 지나치게 실험적인 연극 기법이나 배우의 명연기보다 먼저 연극이 우리에게 주는 메시지를 중심으로 연극을 보는 것이 좋습니다. 왜냐하면 연극이야말로 나의 삶을 돌아보고, 주변 사람들과 더 좋은 관계를 맺고 살아갈 수 있게 도와주는 훌륭한 예술 장르이기 때문이죠. 한 편의 연극을 내 삶의 문제, 고민과 연결할 수 있다면 연극은 나의 삶을 더욱 풍요롭게 해줄 거예요.

그리고 연극을 많이 보면서 연극에 대한 안목을 기르는 것도 좋지만, 내 마음에 와닿는 한 편의 연극을 집중해서 잘 보는 것도 중요해요. 한 편의 연극을 더욱 깊이 들여다보면 놓치고 지나간 숨은 메시지를 발견할 수도 있고, 다른 연극을 보는 시야도 훨씬 넓어질 거예요.

온 감각을 팽팽하게 긴장시키는 온 감각 예술

연극의 막이 오르기 전, 극장 안의 모습을 떠올려봐요. 객석은 다소 소란스러울 거예요. 이미 입장을 해서 자리에 앉아 있는 사람들, 이제 막 들어와서 자기 자리를 찾는 사람들, 자리에 앉아서 같이 온 친구나 연인과 다정하게 이야기를 주고받는 사람들, 나 홀로 와서 무대 위 예술을 기다리며 휴대전화를 만지작거리는 사람들⋯⋯. 이윽고 막이 오를 때가 되면 불이 꺼지고 극장 안은 온통 어둠만이 가득해요. 어둠과 함께 고요한 정적, 무대의 막이 오를 때가 가까워올수록 긴장감도 더욱 높아지죠.

연극 공연은 대체로 이런 암전 상태에서 시작합니다. 극장 안의 모든 빛이 차단되면 시각은 마비되지만 다른 감각들은 활발한 활동을 시작해요. 소극장 특유의 냄새도 나고 옆에 앉은 사람의 체온과 숨소리도 느껴지죠. 실제로 배우들도 이 순간이 가장 긴장된다고 해요. 그래서 1막 1장에 등장하는 배우는 온몸의 신경을 짱짱한 긴장으로 채우고 그 정적을 깨는 첫 대사에 온 신경을 집중해 임팩트 있게 뱉어내곤 하죠.

이처럼 연극은 우리 온 감각의 세포를 팽팽하게 긴장하게 하는 '온 감각 예술'인 만큼, 전하는 메시지도 오감을 통해 전달이 돼요. 연극을 '물질적 예술' '현장 예술'이라고 부르는 이유도 바로 이 때문이에요. 시각으로 느끼는 미술, 청각으로 느끼는 음악같이 한 가지 감각에 집중하며 그 감각을 타고 흐르는 느낌과 상상으로 즐기는 다른 예술에서는 느끼지 못하는 감흥을 맛볼 수 있습니다.

나에게 맞는,
내가 좋아하는 연극 찾기

'나는 어떤 즐거움을 추구하는가?'

연극이라는 장르와 친숙하지 않은 사람이라면 처음에는 이 것을 생각해보고 연극을 찾는 것도 하나의 방법이에요. 어떤 연극이냐에 따라 주는 즐거움도 다르니까요. 지적인 즐거움을 좋아하는 사람은 고전극을 보는 것이 좋겠죠. 보통은 국립극단 이 주축이 되어 그리스 고전 연극, 셰익스피어 등 유명한 연극 들을 공연해요. 고전극은 이미 줄거리와 대사 등이 널리 알려 져 있어 새롭지는 않지만 시대를 초월하여 주는 메시지와 고 상한 대사들이 관객에게 지적인 충만감을 느끼게 합니다.

이 책의 〈부록〉에 그러한 고전극 가운데서도 '꼭 보면 좋을 인생 연극 10선'을 실었어요. 같은 고전극이어도 연출자나 연기자에 따라, 또 공연 의도에 따라 뚜렷하게 차이가 납니다. 어떤 사람은 셰익스피어의 〈햄릿〉을 무려 백 번 보는 것이 목표라고 하면서 벌써 아흔 번을 넘게 봤다고 하더라고요. 미국 극단, 중학교 학생들 극단, 국립극단, 노동자 극단의 공연이 다 다르다면서 매우 흥분해서 말씀하시던 게 떠오릅니다.

이야기 자체가 어떻게 전개되는지 궁금하고, 또 현대의 모습이 투영된 세련된 감각을 느끼고 싶다면 창작극을 추천합니다. 고전극이 옛 지식층의 말투를 반영하여 대사가 길고 어렵기 마련인데, 창작극은 현대인의 어투와 흡사해 고전극에서 느낄 수도 있는 어색함이나 지루함은 덜하죠. 창작극은 수준이나 완성도가 천차만별이어서 상업 연극의 경우에는 인기 순위나 관람평 등을 미리 찾아보면 도움이 될 거예요.

요즘은 지역 사회의 문화재단 등에서 건강한 시선으로 세상을 바라보기 위한 여러 가지 종류의 창작극 공연을 해요. 그리고 청소년이 직접 참여한 연극도 쉽게 찾을 수 있어요. 사실 또래 친구들이 하는 공연은 완성도보다는 친구가 공연한다는 생생한 '라이브' 자체가 매력이겠죠. 연극을 좋아하느냐 마느냐를 떠나 절친의 공연은 기회가 되면 절대 놓치지 않기!

극에 흠뻑 빠지고 싶다면 1인극이나 2인극을

예술을 위해서는 모두를 버려야 합니다. 그렇게 할 수 없다면
이 분야를 떠나세요, 타협이란 있을 수 없어요.

_〈마스터클래스〉 중에서

한 예술가(성악가)의 생애를 다른 예술가(연극배우)가 재현하
는 연극 〈마스터클래스〉는 배우 한 사람이 다역을 하면서 극을
이끌어가는 모놀로그(1인극) 형식으로 이루어져요. 배우 한 사
람의 에너지가 무대를 포함한 극장을 가득 채우는 것이죠. 배
우의 연기를 경이로운 시선으로 지켜보다가 결국 극에 흠뻑
빠지는 경험을 하고 싶다면 1인극이나 2인극과 같은 출연자가
적은 연극을 보는 것도 재미있는 시도예요. 보통 1인극이나 2
인극은 이런 에너지를 발휘할 만한 기라성 같은 배우가 공연
하게 되죠. 예술가로서 배우를 더 잘 알고 싶다면 1인극이나 2
인극을 보는 것을 추천해요.

일상 속의 언어를 중심으로 한 대사가 서사를 이어가기도
하지만, 때로는 대사 하나하나가 시 한 편인 고전 연극은 인문
학적 감성을 충만하게 만들어요.

사느냐 죽느냐, 그것이 문제로다. 어느 게 더 고귀한가. 난폭한 운명의 돌팔매와 화살을 맞는 건가, 아니면 무기 들고 고해와 대항하여 싸우다가 끝장을 내는 건가. 죽는 건 자는 것뿐일지니, 잠 한 번에 육신이 물려받은 가슴앓이와 수천 가지 타고난 갈등이 끝난다 말하면, 그건 간절히 바라야 할 결말이다.

_〈햄릿〉 중에서

위의 〈햄릿〉의 명대사는 워낙 유명해서 연극을 자주 접하지 않았더라도 다 알고 있을 거예요. 이러한 명대사가 나올 수 있었던 것은 극중 햄릿의 처절한 시적 대사의 서두였기 때문이에요.

다양한 퍼포먼스가 시도되는 시극, 낭독극, 교육 연극

연극 공연은 대체로 길이와 규모에 따라 장과 막으로 구성돼요. 그리고 관객과 독립된 무대에서 배우들의 실감 나는 연기로 진행이 되죠. 하지만 모든 연극이 이렇게 분리된 무대, 사실적인 연기로 이뤄져야 하는 것은 아니에요. 오히려 연극의 지평이 한껏 넓어져서 여러 형태의 퍼포먼스가 시도되고 있어요.

시극(詩劇)은 기성 시인들의 시, 혹은 참여하는 사람들이 직접 창작한 시를 주요 대사로 삼아 이야기를 진행하는 연극이에요. 동작이 살짝 가미된 시 낭송극은 관객도 부담 없이 '온 감각으로 즐기는 시집'을 읽는 기분으로 즐길 수 있죠. 뮤지컬의 노래 파트는 연극 대사의 '시'적인 특징을 부각시켜서 나온 장르라고도 할 수 있어요.

무대장치나 조명 등의 기술적 장치도 최소화하고 배우들도 실감 나는 대사 리딩으로 관객에게 대본의 맛을 직접 알려주는 낭독극도 있어요. 이런 낭독극은 관객 입장에서도 부담 없이 희곡 맛을 알게 되는 독특한 재미를 주죠.

교육 연극이란 이름으로 도입된 여러 형태의 참여 연극도 곳곳에서 이뤄지고 있어요. 참여 연극의 특징은 연극 공연 자체의 예술적 목적 이외에 참여자*들과 함께 이뤄가고자 하는 사회적 목적(치유, 입법, 진실 알리기 등)이 있는 경우가 많아요. 대체로 이런 연극들은 전문 배우들이 집중해서 보여주는 공연 시간은 30~40분 정도로 짧고 참여자들이 함께 어우러져 극을 완성해가는 토론회, 극 되돌리기, 편지 써서 게시하기 등의 후속 작업에 더 많은 시간이 할애돼요. 세월호 유가족들의 아픔을 그린 어떤 참여 연극은 〈진실은 침몰하지 않는다〉라는 노래를 배우와 참여자가 함께 부르는 퍼포먼스를 하면서 극이 마무리되기도 해요.

연극이 온 감각 예술로서 관객과 무대가 하나가 되는 경험을 선사하기 때문에 우리는 내 마음을 채우러, 혹은 마음을 비우러 연극을 보러 가요. 지적이거나 감성적인 욕구가 건강한 신체 에너지와 선명한 대사를 통해 승화되는 경험, 연극 보기에서 할 수 있는 것이죠.

— ·)O(· —

• 교육 연극에서는 관객을 보통 참여자라고 한다. 이는 교육 연극의 관객이 수동적인 관람이 아닌 배우와 호흡을 맞춰 공연팀이 미리 준비하지 않은 예상외의 예술적 성과를 함께 만들어낸다는 의미를 담고 있다.

— ·)O(· —

나도 연극 비평가

 지금까지 여러분이 본 연극을 한번 떠올려보세요. 어땠나요? 연극의 내용이 어렵지는 않았나요? 그리고 연극의 어떤 부분에 마음이 이끌렸나요? 아마도 처음에는 뭐가 뭔지 모른 채 연극을 보게 될 수도 있어요. 하지만 앞으로 연극이라는 장르를 더욱 잘 이해해서 나의 삶 속으로 들어오게 하려면, 연극을 본 후에 감상문을 써보는 것이 좋아요. 연극을 본 기억이 미처 사라지기 전에 간단하게라도 적어보면 그 연극은 더 오래 깊이 기억에 남을 거예요. 수첩에 짧게 5자 평이나 20자 평 식으로 적어도 좋고, 차분하게 자리에 앉아 본격적으로 비평문을 써보는 것도 좋습니다.
 그렇다면 연극에 대한 평은 어떻게 써야 할까요? 먼저 연극을 본 뒤 '참 좋았다'거나 '좀 지루했다'라는 단순 감상에 그치지 말고 오늘 본 연극이 나에게 준 메시지는 무엇인지 고민해보세요. 그리고 그걸 쓰는 거예요. 겉으로 보이는 연극의 느낌이나 인상 평에 그치는 게 아니라 좀더 진지하게 작품에 관해 생각하고 비판적으로 바라보는 것이죠. 우리가 연극 비평가가 되어보는 거예요. 그러면 연극을 통해 작가가 전하려는 메시지가 무엇이고, 그것이 내게는 어떤 의미로 다가왔는지 더 깊이 이해할 수 있어요.

비평문을 쓰는 방법이 정해져 있는 것은 아니에요. 하지만 다음과 같은 요소에 맞춰 써본다면 더욱 풍부한 비평문이 될 거예요.

0. 준비 운동: 5자 평, 100자 평 쓰기

처음부터 거창한 비평문을 쓴다는 건 쉽지 않아요. 그러려면 연극에 대해 다시 곱씹어보고 관련 자료도 찾아봐야 해요. 비평문 쓰는 훈련도 해야 하고요. 따라서 그전에 내가 본 연극의 '인상'을 짧막한 글로 표현해보는 것은 어떨까요. 같이 연극을 본 친구들과 각자의 5자 평, 100자 평 또는 자수를 정해놓고 글을 쓰고 그것을 나누면 더욱 재미있겠죠.

다음은 연극 〈사천의 선인〉에 대한 5자 평이에요.

　주인공불쌍

　주민들나빠

　천사뭐하니

　착한게될까

　나라도그래

　고통끝나길

　선인은없다

연극 〈외톨이들〉에 대한 100자 평이에요.

불완전하고 고립된 소수자로서의 청소년, 사회적 금기와 허락
되지 않은 것들과 규칙들이 모두 억압과 부당함으로만 다가오
던 청소년 시절의 나를 다시금 떠오르게 한, 청소년극이 왜 필
요한지를 깨닫게 해준 작품.

기성 세대와 청소년 사이의 철벽같은 갈등을 청소년의 사물화
(변신)란 환상적인 소재로 표현했다. 아이들의 '사물화'는 그 자

체가 비극의 끝물이자 세상의 종말을 앞당긴다. 영화 같은 전개와 배우들의 열연이 숨 가쁜 시간을 찰나로 만들었다.

효율적인 무대 운영과 배우들의 안정된 연기가 극에 몰입감을 높여주었다. 아이들의 변신의 이유를 무겁지 않게 전달하지만, 결국 변신을 통해서라도 벗어나고 싶은 청소년 삶의 끔찍한 무게를 풍자로 보여주었다.

외톨이들이 변신을 했지만, 외톨이를 벗어나지 못했다. 청소년들이 머그컵, 돌, 스마트폰, 공으로 변신하기 시작한다. 종국에는 폭탄으로! 폭탄이 사방에서 터지면서 준전시 사태까지 이르지만 변화는 없다.

1. 나만의 제목 정하기

다음은 제목을 정하는 거예요. 작품의 의미와 내용을 한마디로 압축하여 나타낼 수 있는 제목을 만들어 원래 연극 제목에 붙여보세요.

배설의 공간, 웃음으로 뒤집는 세상 〈비언소〉

소년, 자신의 신을 살해하다 〈에쿠우스〉

기다림이 없는 시대 〈고도를 기다리며〉를 보다

청소년의 소외에 대한 유쾌한 비유 〈외톨이들〉

이렇게 제목을 붙이기 위해 고민하다 보면 연극을 보면서 느꼈던 감정과 메시지를 더욱 분명히 알 수 있어요. 사람마다 관점이 다르고 표현하는 방법이 다르니 같은 연극을 보더라도 제목은 다 다를 거에요.

앞의 5자 평, 100자 평 쓰기 등으로 연극에 관한 인상, 느낀 점을 압축적으로 표현하는 글을 써보는 연습을 한다면 제목을 정하기가 더 쉬울 거예요. 또는 비평문을 다 쓰고 나서 글에 가장 알맞은 제목을 정해도 좋고요.

2. 연극을 내 삶의 한 장면과 연결해보기

연극은 그저 남이 하는 예술이 아니라 내 인생에 영향을 주고, 울림을 주는 체험이에요. 따라서 연극을 보면서 떠올린 내 과거나 현재의 장면을 글의 서두에 써보세요.

연극 〈운명〉의 주인공 박메리를 보면서 나도 모르게 떠올린 사람이 있다. 언제나 우리에게 비틀거리는 모습을 보여주면서 자신의 운명은 아버지 때문, 환경 때문이라고 탓하던 사람. "내가 술 아니면 어떻게 버텨, 그래도 내가 정신 줄 놓지 않는 건 술 덕분이지"라며 자신을 변명하던 사람. 내가 사랑하고 또 미워했던 우리 엄마. 엉겨붙는 모래 바닥처럼 질척거리는 인생의 무대에서 자주 휘청거렸던 사람. 자신의 불운을 운명 탓으로 돌린 채 오직 술로 외로움을 삭이며 나를 바라보지 않던 엄마의 외로움과 절망은 박메리의 그것과 닮아 있었다.

3. 줄거리 요약하기

그다음에는 연극의 줄거리를 간단히 요약해봐요. 비평문도 다른 사람이 읽는 것을 염두에 두고 쓰는 것이기 때문에 내가 본 연극을 소개해주는 것이 좋아요. 그러나 줄거리를 건조하게 기계적으로 쓰는 것보다는 줄거리를 요약하면서 내가 느낀 전체적인 인상을 함께 써주는 게 좋습니다. 연극 〈에쿠우스〉의 줄거리 요약하기를 참고해보세요.

마구간에서 일하던 17세 소년 알런 스트랑은 자신이 돌보던 말 6마리의 눈을 찌르는 엽기적 범죄를 저질러 재판을 받게 된다. 판사 헤스터 살로만은 이 소년이 감옥에 가는 것보다 치료를 받는 것이 좋겠다고 판단하여, 오랫동안 청소년을 위해 정신과 치료를 해온 자신의 친구 마틴 다이사트에게 소년을 부탁한다. 다이사트는 치료를 위해 알런과의 만남을 이어가고, 사건을 하나둘씩 파고들면서 그날의 진실에 접근해간다.

또 표를 이용해 플롯, 즉 이야기의 흐름에 따라 작성해볼 수도 있어요. 이렇게 하면 더욱 일목요연하게 작품을 이해할 수 있죠. 플롯은 이야기의 흐름이에요. 연극 속 이야기가 갈등과 사건을 향해 어떻게 나아가고 어떻게 폭발하고 맺어지는지, 왜 그렇게 흘러갔는지를 파악하는 것이죠. 플롯은 작가가 의도하는 콘셉트가 무엇인지를 파악하게 해주는 중요한 열쇠예요.

아무리 익숙한 작품이어도 줄거리를 요약하려고 보면 머릿속에서 맴돌 뿐 정리가 안 될 때가 있어요. 이럴 때는 이 표를 먼저 작성한 다음에 이야기를 만들면 훨씬 편하게 정리가 될 거예요.

단계	내용
상황 전개 (제시)	판사(헤스터)는 의사(다이사트)에게 알런의 치료를 부탁한다. 다이사트는 알런과의 만남을 이어간다.
위기 (갈등)	다이사트와 알런은 대립, 충돌하며 신뢰를 쌓아간다. 알런의 어렸을 적 기억, 가정환경, 말에 대한 애정, 여자친 구와의 일이 단편적으로 드러난다. 알런의 말에 대한 광적인 집착, 욕망의 실체가 드러난다. 동시에 다이사트가 일상에서 겪는 무기력, 절망감, 알런에 대한 동경의 마음도 드러난다.
절정 (갈등 최고조)	알런이 부모로부터 정신적 충격을 받는다. 알런과 여자친구 질의 관계가, 알런과 말 사이의 갈등으로 폭 발하면서 스스로 말의 눈을 찔렀던 그날 사건의 실체가 모두 드러난다.
대단원 (하락, 비극)	모든 갈등이 겉으로 드러난 뒤 알런은 쓰러진다. 다이사트는 자신의 치료에 대해 후회한다.

4. 기술적 요소 찾아보고 쓰기

연극은 무대 예술이기 때문에 연극을 이루는 기술적 요소 역시 중요해요. 극본은 극작가가 쓰지만, 이를 바탕으로 연출 가는 무대, 연출, 소품을 통해 자신의 창의성을 발휘하죠. 그래 서 연극은 입체적이고, 실제적인 드라마예요. 또 극예술이기에 작품의 분위기와 메시지를 나타내기 위해 고안된 무대의 구성,

조명의 사용, 의상, 소품, 음향을 눈여겨볼 필요가 있어요. 그러면 연극을 더욱 잘 이해할 수 있어요. 노트에 쓰면 더 잘 알 수 있죠. 내가 본 연극의 핵심 메시지를 기술적 요소로 어떻게 표현했는지 살펴보면 무척 재미있을 거예요. 잘 정리해 비평문에 추가해보세요. 다음 〈에쿠우스〉 무대를 참고해보세요.

가운데 원형 무대가 있고, 대부분의 연기가 그 위에서 이루어진다. 원형 무대는 권투의 링과 같은 사각형 모양의 구조물이 둘러싸고 있다. 이런 무대장치는 특히 다이시트와 알런이 팽팽한 설전을 펼칠 때 마치 신구 세대의 대결과 같은 긴장감을 높인다.
이 원형 무대는 회전하는데, 배우들의 움직임을 더욱 강렬하게 만들어준다. 알런 역할의 배우가 말 역할 배우의 목말을 탄 채

로 원형 무대가 회전하는 장면에서는 거의 서커스에 버금가는 역동적인 동작이 만들어진다. 관객은 조마조마한 긴장감 속에서 한 치의 오차도 없이 움직이는 배우들에게 감탄의 박수를 보낸다. 특히 절정 장면에서 알런이 6명의 말 역할을 하는 배우의 눈을 찌르는 장면에서는 7명의 배우가 발을 구르고 뛰며 가로지르는 모든 움직임이 원형 무대의 회전 속에서 이루어지는데, 그야말로 장관이다. 이런 면에서 〈에쿠우스〉는 프로 극단과 아마추어 극단을 가르는 기준이 되기도 한다.

원형 무대 양옆에는 긴 의자가 있고, 여기에 배우들이 앉아 있다. 배우가 무대 뒤로 퇴장하는 게 아니라 연기를 해야 할 때는 원형 무대로 나오고, 연기가 끝나면 돌아가 앉는다. 무대 위에 또 객석이 있는 꼴이다. 무대 위 객석에 앉은 배우들은 원형 무대 위 배우들이 연기할 때 마치 관객처럼 호응하고 소리를 내며 코러스를 넣는 역할도 한다. 이런 장치는 연극을 더욱 연극적으로 보이게 하고, 관객들이 배우들의 연기에 더욱 집중하게 한다.

5. 등장인물의 욕망과 관계 분석하기

연극 비평문의 핵심적인 내용이라고 할 수 있어요. 등장인물들을 비판적으로 바라보고 분석하는 것이에요. 특히 그 인물의 행동 뒤에 숨은 욕망을 파악하는 게 중요해요. 등장인물들의 관계가 어떠했고, 어떻게 변해갔는지도 살펴봐요. 이런 작업을 통해 잘못된 관계에 대해 배우고, 이를 거울삼아 나의 욕망, 나의 인간관계를 돌아볼 수 있게 되죠.

등장인물의 욕망과 관계를 깊이 있게 분석하기 위해서 다음과 같은 틀을 사용하는 것도 좋습니다. 여러 가지 측면에서 등장인물을 바라보면 놓쳤던 면들을 새롭게 볼 수 있어요.

첫째는 이데올로기, 시대적 배경 찾기예요.

이데올로기란 무엇일까요? 이데올로기의 사전적 정의는 '사회 집단에서 사상이나 행동, 생활 방법을 근본적으로 제약하고 있는 관념이나 신조의 체계'라고 해요. 말이 좀 어렵죠? 다시 말해 이데올로기는 내가 태어나기 전부터 나의 정체성과 사고방식을 형성해온, 내가 노는 물이라고 할 수 있어요. 바다고기는 바닷물에 적응해 살고, 민물고기는 민물에 적응해 살듯이 이데올로기란 내가 지극히 당연하게 받아들이고 생각하는 사고방식, 나와 친구들, 사회와 세상을 바라보는 가치관이라고 할 수 있죠.

'노력하면 성공한다.' '땀은 배신하지 않는다.' 이런 말들은 개인의 노력=성공이라는 이데올로기에서 나온 말이에요. 우리 나라 1980~90년대 경제 성장기에 유행하던 말이죠. 조선시대 나 그 이전 신분제 사회에서는 이런 말을 쓰는 사람이 거의 없 었겠죠. 사회에서 주어진 신분에 맞게 살아가야 했으니까요.

'복세편살' '대충 살자' 이런 말은 취업난, 경제 불황이 지속 되면서 치열한 경쟁 속에 던져진 채 아무리 노력을 해도 성공 이 보장되지 않는 대한민국 청년들의 삶을 대변해요. 성공의 사다리가 가로막힌 시대, 개인의 행복을 중시하자는 생각이 지 금도 대한민국의 이데올로기인 것 같아요.

이처럼 언어와 사고방식이 시대 상황과 이데올로기의 영향 을 받는다는 것을 알 수 있어요. 연극을 만드는 작가 역시 당시 사회를 지배하는 이데올로기의 영향을 받으며 극을 쓰기 마련 이므로, 우리가 어떤 연극을 이해하기 위해서는 작품의 배경이 되는 이데올로기를 살펴볼 필요가 있어요. 그래야 작가가 말하 고자 하는 바를 더 잘 이해할 수 있을 테니까요.

한 발 더 나아가 작가가 자신이 노는 물, 자신의 이데올로기 속에 갇혀 보지 못했거나 아쉬운 점, 한계점이 있다면 이를 찾 아내고, 비판적인 시각에서 더 나은 결말, 더 나은 이데올로기 를 만들어볼 수도 있어요.

둘째는 인물의 욕망과 심리 분석하기예요.

인물의 정서나 생각은 시대와 문화에 따라 변하지만, 인간의 기본적인 욕망은 시간이 흘러도 변하지 않아요. 그래서 고전 연극의 등장인물이 지금 우리와는 다른 정서를 가지고 다른 언어를 사용하지만, 그 행동 이면에 어떤 욕망을 가지고 있는지 짐작할 수 있어요.

우리가 연극에서 어떤 욕망이 드러나고, 숨어 있는지 파악하는 게 중요한 이유입니다. 그리고 되도록 연극 속 인물들의 욕망과 심리를 폭력과 평화라는 주제와 연결 지어 보려고 해요. 폭력과 평화는 수많은 예술 작품에 등장하는 보편적인 주제이면서도 나의 인간관계, 삶을 돌아볼 수 있는 구체적인 주

제이기도 하기 때문이에요.

여러 가지 욕망 중에서 인정욕망, 평화욕망, 의미욕망을 중심으로 이야기해볼게요. 폭력과 평화를 주제로 이야기의 구조를 살펴보려 할 때 인간이 지닌 욕망은 이 세 가지로 충분히 말할 수 있어요.

인정욕망이란 다른 사람에게 인정을 받으려는 욕망이에요. 우리는 또래 친구, 부모님, 선생님 등 타인으로부터 어떤 식으로든 인정을 받으려는 강한 욕망에 사로잡혀 살죠. 그래서 인정욕망은 인간의 가장 기본적인 욕망이라고 할 수 있어요.

평화욕망이란 폭력과 갈등을 피하고, 평화롭고 안정된 인간관계를 추구하려는 욕망이에요. 내가 살아가는 세상이 평화로운 세상이 되기를 바라는 마음이에요.

의미욕망이란 주변 사람들에게 또는 사회적으로 의미 있는 일을 하고자 하는 욕망이에요. 내가 무언가 의미 있고 가치 있는 일을 한다고 느낄 때 생기는 보람과 자부심이에요.

이 세 가지 욕망의 틀을 가지고 연극 속 인물의 욕망과 심리를 분석해보는 거예요.

셋째는 인물의 역할 분석 및 적용하기예요.

등장인물이 극에서 어떤 역할을 하는지를 잘 알려면 그 인물이 다른 인물들과 어떤 관계를 맺고 있는지를 살펴봐야 해요. 인물의 역할 분석은 단순하게 성격을 파악하는 것이 아니라 인물 간의 관계 속에서 형성된 위치와 역할, 그로 인한 성격을 따져보는 거예요.

위의 세 가지 틀로 한 연극에 등장하는 인물들을 깊이 있게 분석해볼 수 있어요. 연극 〈에쿠우스〉의 예시를 보고 한번 따라 해보세요.

하나. 이데올로기, 시대적 배경 찾기

작품은 2차 대전 이후 영국을 배경으로 하고 있다. 경제적으로 가난하고, 사회적으로 혼란스러운 시기다. 알런의 아버지 프랑크 스트랑은 노동자 계급의 무신론자이자 사회주의자이고, 어머니 도라 스트랑은 상류층에서 자란 독실한 기독교인이다. 알런의 부모님은 영국 사회 내의 계급 갈등, 문화 갈등을 상징한다. 프랑크와 도라는 서로 모순된 가치관을 알런에게 강요하면서도 스스로의 위선을 알지 못한다. 이것은 2차 대전 이후 전통적 가치가 붕괴되어가는 혼란기 영국 사회에서 젊은 세대가 느낀 불만과 불안을 대변한 것으로 보인다.

둘. 인물의 욕망과 심리 분석하기

인물	욕망	관계
알런 스트랑	다이사트, 아버지, 어머니, 어른, 기성 세대에 대한 거부감/다이사트와 친밀해지려는 욕망. 자기학대. 신적인 존재에 대한 추구-말에 대한 강렬한 집착, 욕망. 또래 여성인 질에 대한 호기심, 욕망.	아버지, 어머니에 대한 반응은 억압됨. 다이사트에 대한 격렬한 갈등을 통해 친밀함을 추구. 말과의 종교적 체험. 질의 유혹에 이끌림.
마틴 다이사트	어른으로서, 의사로서의 책임감. 알런에 대한 호기심, 동경. 남편으로서 한 인간으로서 느끼는 무기력, 절망감. 직업에 대한 매너리즘, 회의.	알런과의 대결 및 설득을 통해 치료 시도. 헤스터에게 심경을 고백.
프랑크 스트랑	노동 계급으로서의 계급 의식. 가장으로서 권위 의식, 아내에 대한 불신, 아들에 대한 불만.	다이사트에게 가족에 대한 불신, 불만을 표현. 알런을 억압함.
도라 스트랑	교양인으로서의 자부심. 신에 대한 열망.	다이사트에게 남편에 대한 불신, 불만을 표현. 알런을 억압함.
질 메이슨	알런에 대한 호기심, 이성으로서 욕망.	알런을 유혹함.
헤스터 살로만	알런에 대한 동정심, 판사로서 책임감, 친구 다이사트에 대한 연민.	다이사트에게 충고, 격려함.

6. 연극에서 말하고자 하는 주제 찾기

위의 5단계를 거쳐 비판적으로 깊이 있게 연극을 보기 위해 노력하다 보면 작가나 연출가가 연극을 통해 전하려고 한 메시지가 무엇인지 알 수 있을 거예요. 비평문의 마지막에서는 내가 생각하는 해당 연극의 주제가 무엇인지 써보는 거예요. 비평문의 결론 부분이죠. 나와 내가 속한 집단(학급, 가정, 사회)을 적용해본다면 더욱 도움이 될 거예요. 다음은 연극 〈외톨이들〉을 보고 쓴 비평문이에요.

〈외톨이들〉이라는 연극의 제목이 뜻하는 것은 무엇일까? 아마도 대한민국의 청소년들이 모두 외톨이에 불과하다는 뜻인 것 같다. 대한민국에는 많은 약자와 소수자가 있다. 장애인, 여성, 외국인 노동자들을 그렇게 부르지만, 청소년도 내 생각에는 포함된다. 청소년은 아이도 아니고, 어른도 아닌 존재다. 학교에서도 가정에서도, 부모님도 선생님도 우리를 완전히 이해하지 못한다.

청소년이 '사물'로 변한다는 설정이 처음에는 웃겼는데, 생각해보니 적당한 비유인 것 같다. 사물은 움직이지도, 말하지도, 감정을 느끼지도 못한다. 사물은 인간이 아니며 살아 있는 생명체도 아닌 것이다. 그 자리에 존재하지만, 상황에 따라서 없어도 상관없고, 수많은 다른 사물과 섞여 있으면 별로 특별할 것도 없다. 게다가 사물은 필요 없어지면 폐기되기도 한다. 이만큼 세상으로부터 고립된 청소년들의 처지를 잘 나타내는 소재가 또 있을까?

어른들은 공부를 해야 한다, 일탈을 하면 안 된다 등 어떠어떠해야 한다고 말은 하지만, 정작 우리가 고민을 이야기하면 너희가 아직 어려서 그렇다고 좀 지나면 괜찮아진다고 한다. 청소년들이 더 말할 수 있게 해야 한다. 청소년들이 사물이 아닌 인간으로 되돌아올 수 있도록 사회가 노력해야 한다. 어른들에게만 맡길 게 아니라 나부터 친구들의 이야기를 듣도록 노력해야 한다.

내가 쓴 비평문

기다림이 없는 시대, 〈고도를 기다리며〉를 보고

서사가 없는 부조리극의 전형

드디어 글로만 보던 〈고도를 기다리며〉를 움직이는 배우들의 생생한 목소리로 들었다. 다행이었다. 처음 사뮈엘 베케트의 작품을 접할 때에도 희곡이 짧지 않았다면 어색한 번역체와 옛 말투에 걸려 결코 다 읽지 못했을 것이다. 글로 읽는 〈고도를 기다리며〉는 특별한 서사가 없는 부조리극(이치에 맞지 않는 극작품)의 전형을 보여준다. 블라디미르와 에스트라공의 대화는 서로를 향하고 있지 않고 어이없는 웃음이 나는 허튼소리이거나 서글픈 한탄, 끝없는 기다림에서 오는 절망과 막연한 희망을 오가고 있어, 주인공들의 감정이 어떠할지는 지문을 통해서만 어렴풋이 짐작할 뿐이다. 연극 〈고도를 기다리며〉는 희곡 〈고도를 기다리며〉보다 친절하다. 배우들의 하염없는 기다림과 실체를 모르는 '고도'에 대한 상상력은 무대에서 구체화되는 것이다. 글에서는 몰랐던 무대 중앙의 앙상한 나무 한 그루의 존재는 배우들보다 더 비중이 크게 느껴졌다.

무대 가운데에 잎사귀 하나 없는 앙상한 나무가 서 있다. 여기를 중심으로 두 남자 블라디미르(극에서 불리는 이름은 '디디')와 에스트라공(극에서 불리는 이름은 '고고')은 '고도'라는 이름의 사람을 기다린다. 그들은 고도가 누구인지, 어떻게 생겼는지, 고도를 만나 무엇을 하려는지 아는 것도 같고 모르는 것도 같은 말을 한다. 둘은 서로의 곁을 지켜주며 긴 기다림에서 오는 무기력과 절망을 위로한다. 기다림을 포기하려고 할 때마다 '내일은 고도가 올 것'이라는 희망과 기대로 이 상황을 버텨낸다.

그러던 중 그들은 권위와 허세로 가득한 포조와 그에게 목줄로 끌려다니는 노예 짐꾼 럭키를 만난다. 폭력적일 만큼 위압적인 태도로 럭키를 대하는 포조를 보며 디디는 분노하고, 고고는 그 와중에도 포조가 먹고 난 고기 뼈다귀를 얻어먹는다. 포조는 무기력한 럭키에게 춤을 추게 하고 모자를 씌워주며 생각하라고 명령한다. 럭키는 단조로운 어조로 암기한 듯한 프랑스 학자들의 연구를 뒤죽박죽 읊어댄다.

밤이 되자 심부름을 하는 양치기 소년이 나타나 그들에게 '고도 씨는 오늘은 오지 못하고 내일은 온다'는 사실을 알려준다. 제2막(다음 날)도 비슷한 내용이 그대로 반복되는데, 전날 만났던 포조는 눈이 멀어서 럭키에게 더욱 의존하는 모습을 보이나 여전히 럭키의 목에는 목줄이 걸려 있다. 마지막엔 역시 양치기 소년이 등장하는데, 둘의 대화는 도무지 맞물리지 않는다. 결국 블라디미르는 화를 내며 양치기 소년을 쫓아버리고, 잠에서 깬 에스트라공이 고도가 왔었는지 묻는다. 그는 차라리 멀리 떠나자고 하지만 블라디미르는 내일 고도를 만나러 여기 와야 한다고 상기시켜준다. 둘은 나무를 쳐다보며 목이나 맬까 하지만 끈이 없다는 사실을 깨닫고 내일 끈을 챙겨와 고도가 안 오면 매자고 다짐한다. 두 사람은 입으로는 떠나자고 하면서도 여전히 움직이지 않는다.

기다림, 아무 일도 일어나지 않는다

〈고도를 기다리며〉의 줄거리는 한 단어로 설명할 수 있는데, 바로 기다림이다. 이 작품은 희곡의 거의 모든 관습적인 기대를 깨버린다. 〈고도를 기다리며〉에서는 아무 일도 일어나지 않는다. 우스꽝스러운 인물들이 등장해 이해할 수 없는 허튼소리를 내뱉는 것이 전부다. 심지어 두 주인공이 나누는 대화조차 제대로 이루어지지 않는다. 한쪽에서 밥은 먹었냐고 물어보면 다른 쪽은 난 술이 싫다고 동문서답하는 식이다.

기다림은 무엇인가?

이 작품에서 관객은 시간과 공간을 가늠하기가 쉽지 않다. 다만 그들이 입고 있는 의상으로 보아 중세와 근대의 중간 어느 지점이지 않을까 추측하지만, 이야기의 흐름상 시간과 공간은 큰 의미를 갖지 못한다. 단지 막연한 기다림의 약속 장소로 언덕 위의 나무 한 그루가 서 있을 뿐이다. 그리고 디디의 발을 힘들게 하는 신발 한 켤레. 고고는 디디를 향해 이렇게 말한다. "제 발이 잘못됐는데도 구두 탓만 하니, 그게 바로 인간이라고."

분명 노예가 존재하던 시대, 그러나 제도가 어떻든 사람들의 기저에 사람을 물건 대하는 듯한 태도에 대해서는 반감이 있게 마련이다. 처지가 곤궁한 디디와 도도의 눈에 럭키는 가련한 인생으로 비친다. 포조의 악담에 럭키가 눈물을 흘리고, 럭키가 눈물을 그치자 포조는 "이 세상의 눈물의 양엔 변함이 없지. 어디선가 누가 눈물을 흘리기 시작하면 한쪽에선 눈물을 거두는 사람이 있으니 말이오. 웃음도 마찬가지요. 그러니 우리 시대가 나쁘다고는 말하지 맙시다. 우리 시대라고 해서 옛날보다 더 불행할 것도 없으니까 말이오. 그렇다고 좋다고 말할 것도 없지"라고 말한다.

1막과 2막에서 역전된 포조와 럭키의 처지, 분명 포조는 럭키의 목줄을 잡고 있다. 그렇지만 럭키를 구속하는 목줄이 아니라 눈이 멀어버린 자신의 신변의 안위를 의지하고 있는 생명 줄로 부여잡고 있는 것이다. 천박한 포조는 교양 있는 럭키한테서 사회적 허세와 권위를 배우고 그를 놓지 못한다. 럭키에 대한 포악한 행동은 허울뿐인 자기 자신을 유지하는 유일한 방법일 테니 말이다.

고도는 누구인가? 고고와 디디에게 고도는 어떤 존재인가? 기다림은 무엇인가? 연극을 관통하는 질문이자 연극이 끝나고도 계속 남는 질문이다. 디디와 고고에게 기다림은 일상이자 습관이다. 의미가 있든지 없든지, 기다림 말고는 할 것이 없으므로 기다리는 것이고 기다린다는 행위로 자신들의 무료하고 곤궁한 삶을 위로받는다. 종교의 관점으로 접근하면 고도는 구원을 약속한 신일지도 모른다. 그 구원의 모습이 천국일지 지옥(죽음의 결말)일지는 모르지만, 고도가 올 때까지는 스스로 종지부를 찍지도 못한 채 주어질 결론을 기다릴 수밖에 없다.

양치기 소년이 찾아와 어제도 오늘도 고도는 오지 않을 것이라고 알려준다. 그래도 그들은 기다림을 멈추지 못한다. 고도는 인간에게 희망의 상징일 수도 있다. 오늘의 절망을 이겨낼 수 있는 내일에 대한 기대, 죽지 않고 내일을 맞이할 수 있는 힘, 아직 경험하지 않았기에 꿈꿀 수 있는 고도와의 만남, 흔한 말로 고고와 디디는 희망 고문으로 지금 이 순간만은 위로받을 수 있다. 알 수는 없지만 내일이 있기에 오늘을 살 수 있는 우리의 모습이다.

물질 가치로 전복되는 세상, 〈사천의 선인〉을 보고

사천(쓰촨)에 선인은 있다? 없다?

〈사천(四川)의 선인(善人)〉은 독일의 극작가 브레히트(Bertolt Brecht, 1898~1956)가 쓴 희곡이다. 브레히트는 서사적 리얼리즘이라는 자신만의 연극론을 토대로 낭만주의나 고전주의 연극의 퇴폐성, 시대에 순응하는 것을 비판한 극작가로 유명하다. 〈사천의 선인〉은 중국 쓰촨성을 배경으로, 사람을 선하게 내버려두지 않는 자본주의 사회의 모순과 인간성의 파괴를 그렸다. 1943년 취리히에서 초연되었다.

가난한 물장수 '왕'은 어느 날 긴 여행에 지친 세 신에게서 하룻밤 묵을 곳을 찾아달라는 요청을 받는다. 왕은 신들에게 도움을 주기 위해 최선을 다하지만 모두에게 거절당하고 마음씨 착한 창녀 셴테만이 신들에게 숙소를 제공한다.

다음 날 아침, 다시 길을 떠나려던 신들은 착한 셴테에게 고마움의 표시로 큰돈을 선물한다. 그 돈으로 셴테는 담배 가게를 차린다. 그러나 셴테가 평소 마음이 착하고 거절을 못하는 사람이란 것을 알고 있는 주위 빈민들은 셴테의 담배 가게에 눌러앉는다. 심지어 사랑하는 남자 양순은 자신의 꿈을 위해 셴테를 이용한다. 신들은 셴테에게 무관심하며 착한 사람이 될 것만을 강요한다.

결국 셴테는 사촌 오빠 슈이타로 변장하여 빈민들을 내쫓고 이중생활을 하게 된다. 그러나 셴테로 살건 슈이타로 살건 그녀에게 진정으로 충만한 행복은 없어 보인다. 관객 또한 보는 내내 셴테의 답답한 선성(善性, 착한 마음)과 그걸 악용하는 찰거머리 이웃들에게 치를 떨다가 슈이타가 보이는 가공할 자본주의적 추진력과 냉정함에 경탄보다는 우려를 표한다. 그 와중에 지역 유지인 이발사 슈푸의 순애보와 미취 여사의 손익 계산법이 가치 혼란을 일으킨다.

좀처럼 벗어날 수 없는 가난의 굴레가 '착함'으로 고착되는 장면은 인과응보나 권선징악이라는 전통적 가치를 훼손한다. 더구나 신들은 경건한 위엄보다는 우스꽝스러운 무능력함을 선보인다.

'진정으로 행복한 이익을 얻는 이는 아무도 없다.'

브레히트가 이 작품을 통해 보여주려는 것일까? 가슴 답답한 극 중의 현실이 더 아프게 다가온다. '착하게' 살기보다 '영리하게' 살아야 한다. 손에 쥐어지는 '돈'이 마음의 고결함보다 우선시되는 현실 세계. 극이 끝나면 우리는 이런 참혹한 현실로 돌아가야 한다.

'누가 이 사마리아 여인에게 돌을 던질 수 있는가?'

예수의 반문이 연상되는 센테는 불쌍한 이웃을 보면(그 사람이 비록 자신이 더 형편이 나았을 때 그녀를 박대하던 사람일지라도), 자신이 가진 것을 아낌없이 내어준다. 몇몇 이웃은 그녀의 분신인 슈이타 시절의 그녀를 칭송한다. 하지만 결코 그녀가 사는 방식, 추구하는 가치관에 동의하지 않는다. 오히려 그녀의 우둔함, 자신이 아닌 다른 이웃에 대한 선처에는 강한 불만(자신에게 돌아오는 호의의 양이 적어질 것이므로)을 표현하기도 한다.

그렇다면 브레히트는 지금 시대에 '착하게' 사는 것은 제 살을 파먹는 우둔한 위선에 지나지 않는다는 것을 보여주고 싶었을까. 어쩌면 자본주의라는 물질적인 가치를 우선하는 사회가 가지는 함정에 인류의 정신사(精神史)가 제대로 함몰되어 사라지고 있는 것을 비유한 건 아닐까.

'어떤 권위도 찾아볼 수 없는 세 신들에게 자신의 집을 숙소로 내줄 수 없다.'

남자의 이 대사는 신이 아닌 다른 것이 지배하고 있는 우리 사회를 보여주는 건지도 모른다.

남자: (웃으며) 당신이 잠자리를 구해주려는 그자들은 분명 멋진 사기꾼들일걸.

사천의 소시오그램
센테는 극의 마지막 부분에서 이렇게 신에게 읍소한다.

지난날 명령하시기를

착하고 그러면서 살아가라 하셨으나

그 명령은 번개처럼 저를 두 조각으로 갈라놓았습니다.

저는 어찌 그리되었는지 모르지만, 다른 사람들에게 착하면서

동시에 저 자신에게도 착할 수는 없었어요.

다른 이들과 저를 함께 돕는 것은 너무 어려웠어요.

아, 당신들의 세상은 어려워요! 너무 많은 가난, 너무 많은 절망!

센테는 임신한 배를 부여잡고 어린 아들이 나올 세상의 참담함을 어떻게 대처해야 할지를 호소한다. 그 아들은 착한 엄마(센테)와 냉정한 외삼촌(슈이타), 과연 둘 중 누가 길러야 할까. 게다가 그 아이의 친부인 양순은 센테의 순정을 이용하여 등쳐먹는 사기꾼이다. 양순 엄마가 양순을 그렇게 길렀듯이 아이도 그렇게 기르게 될 것인가. 우리의 암울한 예견은 비단 극 중의 태아에게만 적용되는 것인가. 미래지향적 교육을 받는 이 땅의 청소년들은 그 태아보다 얼마나 많이 나은가.

극의 마지막 장면은 신이 재판관으로 자리한 법정이다. 지역 유지 이발사, 건물주 여사, 양순과 그 어머니가 한 편에 자리를 잡고 다른 쪽에는 전직 목수, 할아버지, 두 노인 신부 등 빈민들이 자리한다. 물장수 왕과 경관은 적당히 이쪽저쪽 말길

(言路)을 트면서 거든다. 위의 셴테의 독백은 신들(재판관) 외에 모두가 물러간 후 셴테가 곧 슈이타임을 고백하는 장면이다.

　퇴장하기 전에 사납게 슈이타를 몰아세우는 빈민들과 유지들은 같은 모양새이지만 입장이 전혀 다르다. 빈민들은 '더 많이 나눠주는' 셴테가 그리운 것이지만 유지들은 '아름답고 성적(性的) 쓸모'가 있는 그녀가 필요한 것이다. 즉 어느 쪽이든 선한 마음의 동경이나 전파에는 관심이 없다. 그리고 삶의 정신적 가치보다는 물질적 가치에 더 비중을 둔다. 물질이 가른 계층의 경계에도 불구하고 그들을 하나로 묶는 '물질주의 가치'만큼은 여전히 견고하다.

'관크'는 안 돼요

'관크'는 '관객'과 치명적 잘못을 뜻하는 '크리티컬'의 합성어로 공연을 망치는 관객을 말해요. 연극이 시작되기 전 극장 매니저나 배우가 관객에게 공연에서 지켜야 할 기본 예절을 알려줘요. 아마 연극을 본 적이 있다면 분명 다음과 같은 안내 메시지를 들어봤을 거예요.

휴대전화를 무음 상태가 아닌 전원 종료 상태로 변경해주시고,
공연 중 옆 사람과의 대화는 삼가주시기 바랍니다.
공연장 내에서 물 이외의 음식물 섭취는 안 되며
사전에 협의되지 않은 촬영 및 녹음은 금지돼
있습니다.

다음은 대표적인 '관크' 사례예요.

폰딧불이

휴대전화로 인한 문제가 많이 생겨서 각별히 주의를 해야 해요. 특히 공연 중에 벨이 울리거나, 통화할 것도 아닌데 휴대 전화를 끄지 않으면 어떠냐고 생각하는 분들이 많아요. 그러나 공연장은 기본적으로 어둡 죠. 어두운 상태에서 관객이 휴대전화를 켜는 순간 많은 관객들의 몰입을 방해 하게 돼요. 휴대전화의 전원을 종료하 는 것이 좋아요.

소리

친한 사람들과 같이 공연을 보러 가 는 건 즐거운 일이에요. 그런데 연극 이 한창 긴장감으로 치달을 때 둘만 의 대화로 주변 사람들을 맥 빠지게 만들면 안 되겠죠. 하고 싶은 대화는 공 연 뒤로 미뤄주세요.

음식 냄새

음식에서 풍기는 냄새와, 음식을 꺼내고 먹는 소리가 관람을 방해해요. 공연장에 음식물을 갖고 들어가지 마세요.

수구리

등을 좌석에 기대어 앉지 않고 몸을 앞으로 숙여서 공연을 보는 것을 말해요. 특히 공연장이 작은 경우 바른 자세를 해주지 않으면 뒷사람이나 옆 사람의 관람을 방해할 수 있어요.

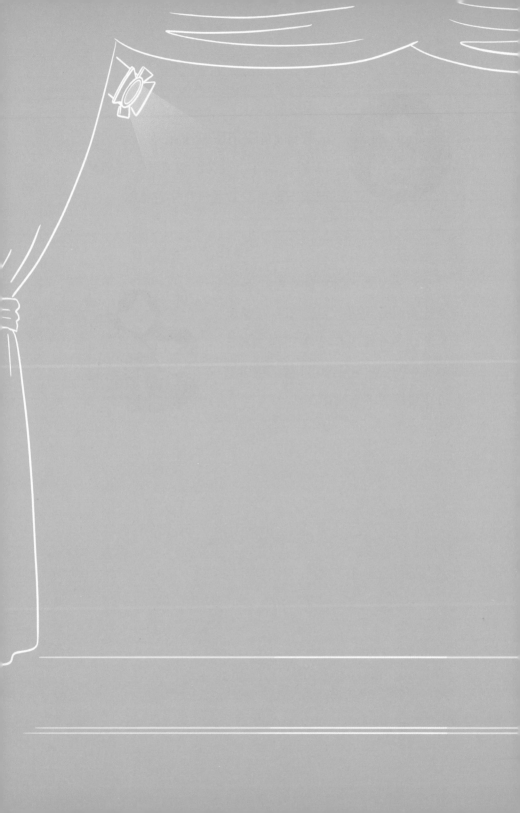

3막
우리 함께 만드는
인생 평화극

평화가 있는 대화 연습

지금 여러분은 인생의 평화극 속에 있나요?

어떻게 판단하냐고요? 내가 평소에 어떤 말을 주로 쓰는지를 보면 알 수 있어요. 내가 친구를 부를 때를 떠올려보세요. 욕설을 하며 부를 때와 다정하게 부를 때 분명 친구의 반응이 다를 거예요. 다정하게 부르면 친구도 부드럽게 반응하고, 욕설을 하면 친구도 기분이 상해서 반응이 거칠어지기 쉬워요. 내 거친 말 때문에 친구의 기분이 상하는 거죠. 내가 장난으로 친구에게 무안을 주었는데, 반 아이들 전체가 그 친구를 놀리는 경우는 없었나요? 어때요, 이런 상상을 하면 평화로운가요? 아마도 대부분은 문제가 있다고 생각할 거예요.

다음 짧은 창작극 속 친구들의 대화를 한번 볼게요.

친구 1: (발로 공 차는 동작) 패스, 패스, 슛, 슛. (친구 2의 어깨를 치며) 야, 나가자, 축구하러.

친구 2는 헤드셋을 낀 채로 어깨를 빼며 거부한다.

친구 1: (적극적으로) 축구하자니깐.
친구 2: 됐거든. 수학 학원 숙제해야 돼! (친구 1을 피해 무대 한 켠으로 이동한다.)
친구 1: 아, 저 새끼는 껴준대도 싫대. 나도 됐거든. (주머니에서 휴대전화를 꺼내 들며) 어디 보자…… 한 명 더 있어야 편이 맞는데. (퇴장)
친구 2: (친구 1 쪽을 바라보며) 아, 저 축구 덕후. 뭐, 껴줘? 야, 너 저번 수학을 그렇게 개망해놓고 그러고 싶냐? (사이) 인생 실패자. (고개는 떨구고 소리는 점점 높아지며) 인생 실패 새끼, 인생 실패자 새끼.

대화는 사람과 사람 사이의 영혼의 만남이라고 할 수 있어요. 처음에는 분명 친구와 대화를 나누고 싶어서 시작했지만, 이런 식의 대화가 몇 번 오가면 대화를 포기할 수밖에 없어요. 이때는 대화만 좌절되는 게 아니라 우리의 영혼도 죽어가요.

모든 연극은 대사로 전달이 됩니다. 우리 인생 연극도 매일 우리가 쓰는 우리의 대화로 만들어가는 것이죠.

이번에는 중학교 1학년 소녀들의 이야기예요.

채린이는 유미, 애리와 절친이었어요. 하지만 최근 들어 채린이는 유미가 마음에 들지 않아요. 유미가 자기 스타일을 따라 한다고 생각했고, 사람들이 '둘이 헷갈린다, 비슷하다'라고 말할 때마다 기분이 나빴어요.

어느 날 유미가 채린이 집에 놀러왔는데 허락 없이 포장을 뜯어 채린이 치마를 입어봤어요. 이런 유미의 행동이 마음에 들지 않은 채린이는 애리에게 이야기했고 결국 둘은 유미를 떼어놓고 급식을 먹으러 갔어요. 교실로 돌아온 채린, 유미, 애리의 대화를 연극으로 만들어봐요.

유미: (독백) 뭐야, 자기들끼리 밥 먹으러 간 거야? 싸가지 없는 것들. 아, 짜증 나. (울컥하여) 채린이 저년, 왜 저래? (점점 얼굴이 일그러지다 급기야 엎드려 울기 시작한다.) 엉엉엉.
채린: (애리와 함께 교실로 들어서며 유미를 발견하고) 유미야, 왜 울어?

채린이는 아무 일도 없었던 것처럼 뒤에서 유미를 안아 달래 준다.

채린: (독백) 이 계집애가 내가 지 뒷담화한 거 알았나? 아, 몰라. 수준도 안 되는 게 왜 들러붙어.

애리: (방백) 김채린, 방금까지 오유미 뒷담화하다가 뭐 하는 거지? 뭐야, 그럼 나만 나쁜 사람 되는 거야? 와, 어이가 없네. 안 되겠어. (유미 귀에 대고 속삭이듯) 야, 속지 마. 김채린 저년, 완전 가식 쩔어. 이제까지 네 뒷담화 오지게 했어.

대화가 무척 살벌하죠? 입에서 나오는 것이 말이 아니라 총알 같아요. 아무리 친한 친구라고 해도 오랫동안 친할 수도 있고 멀어질 수도 있으며 불만이나 오해가 생길 수도 있어요. 그런데 불만이나 오해를 해결하는 말이 아니라 더욱 멀어지고 서로에게 상처를 주는 말들만 쏟아져나오네요. 거기다가 '뒷담화'라는 옳지 않은 행동까지 결합되어 있고요. 뿐만 아니라 애리는 둘 사이의 우정이 갈라지는 것을 아주 적극적으로 방조하고 있어요. 아니, 뒷담화 사실을 유미에게 말함으로써 우정이 깨지는 데 원인을 제공하고 있군요. 우리의 대화는 이렇게 계속 파괴적일 수밖에 없을까요?

소녀들의 대화처럼 현재 우리의 대화극은 이렇게 다소 빈곤할지 모릅니다.

마음이 대화로 흘러나오는 것

여러분의 평소 대화를 들여다봐도 '비명'처럼 들릴 때가 많아요. 짧고, 그리고 거칠고. 대화 속에서 '메마른 세상'이 보여요.

> 교사: 여러분, 이번 추석 연휴 잘 보냈나요?
>
> 학생 A: 아니요.
>
> 교사: 왜죠? 무슨 일이 있었나요?
>
> 학생 A: 그냥요.
>
> 교사: B는 어땠나요?
>
> 학생 B: 짜증 났어요.
>
> 교사: 마음을 언짢게 하는 일이 있었나 보군요.
>
> 학생 B: (잔뜩 찡그리며) 그냥요.

이 대화 속의 선생님 마음이 어떨까요? 화가 난다기보다는 문득 외로움을 느낄 것 같아요. 학생들과 '대화'를 하고 싶어 이야기를 꺼냈는데 대화가 이어지지 않아요. 이런 식의 말이 몇 번 오가다 보면 결국 대화를 포기할 수밖에 없어요.

이런 일방적이고 폭력적인 대화가 계속된다면, 그래서 교실

의 평화를 이루는 데 걸림돌이 된다면 더욱 적극적인 대안이
필요해요. 때로는 이러한 학급 문화를 바꾸기 위해 '존댓말 쓰
기' 운동을 벌이는데, 이것만으로는 문제를 해결할 수가 없어
요. 대화의 부족이 단순히 대화하는 방식만 바꾼다고 해서 해
결되지는 않으니까요. 대화를 바꾸려면 대화를 하는 사람의 마
음을 진심으로 바꾸고, 그래서 그 마음이 대화로 흘러나오게
해야 합니다.

연극은 대사로 전달되는 내 마음, 우리 모두의 마음을 함께
들여다보고, 더욱 좋은 평화의 관계, 평화의 세상으로 만들어
나가기 위한 가장 좋은 방법이기도 해요. 자, 이제 우리 함께
한 편의 연극을 만들어봐요. 나의 인생 평화극, 우리 모두의 인

생 평화극을요!

평화가 있는 대화 연습

잠깐, 연극을 만들기 전에 평화가 있는 대화 연습부터 해볼까요? 이게 바로 평화가 있는 대화극 만들기의 첫 단계예요. 일상 속에서 연기 훈련하듯이 내 말의 파장을 선하게 만드는 거예요. 나의 대화에서 발견된 문제점을 하나씩 개선해보는 것이죠.

우선, 평화극의 대사에 평화욕망과 의미욕망을 공들여 심을 필요가 있어요. 나 자신이 평화로운 세상에 살고 있다는 안정감과 내가 그 세상에서 한몫을 담당하고 있다는 자부심을 추구하는 평화욕망. 내 말과 행동, 나아가 내 인생이 어떤 의미를 가지고 싶다는 생각을 하는 의미욕망. 이런 욕망을 가진 사람은 자신의 성장에 보람과 기쁨을 느끼죠.

둘째, 대화를 나누는 사람들 간의 관계를 의미 있게 세워야 해요. 거칠게 말하고, 건성으로 대꾸하는 친구 사이의 흔한 대화에서 볼 수 있듯이, 그런 대화는 아무리 오랜 시간 이어져도 관계의 성숙이 이뤄지지 않아요. 그런 점에서 다른 사람을 대놓고 무시하는 풍경이 교실이나 집에서 낯설지 않은 것은 매우 슬픈 일입니다.

셋째, 짧게 툭툭, 무뚝뚝하고 불친절하게 끊어지는 대화 같지 않은 대화가 일어나는 까닭은 대화를 할 줄 모르기 때문이에요. 이것을 극복하기 위해서는 평소 생활 속에서 올바르게 대화하는 연습을 해야 해요. 아래를 참고해서 올바르게 대화하는 방법을 익혀보세요.

하나. 인사

인사를 할 때 뒤통수를 때리거나 국적 불명의 소리를 지르면서 하는 경우가 많아요. 아무리 친한 사이라도 이런 것들이 쌓여서 서로를 쉽게 여기고 존중하지 못하게 되는 거예요. 심지어는 욕설을 하면서 상대방을 부르는 것으로 인사를 대신하기도 하죠. 서로를 풍요롭게 하고, 나눌수록 정다운 인사를 해보세요. 학급 규칙에도 아름다운 우리말을 넣어 인사하는 약속을 넣어보면 어떨까요?

둘. 질문

이때도 매너가 필요해요. 내가 궁금하거나 답답한 부분이 앞서서 상대방을 무시하거나 상대방의 말허리를 끊거나 말꼬리를 잡지는 말아야겠죠. 거기에 더하여 조롱하고 모욕해서는 안 된다는 것은 평화욕망을 가진 사람이 꼭 새겨야 할 덕목이에요. 상대방의 이야기에 충분히 공감과 이해를 표시한 후 질문을 하는 것이 중요해요.

셋. 감사

감사 인사도 영혼 없이 하면 공허할 수밖에 없고, 서로의 관계를 좋게 하는 데 도움이 되지 않아요. 그리고 감사의 표현은 구체적으로 하는 것이 좋아요. 또한 감사는 감사로 끝나야 해요. 감사의 말에 덧붙여서 충고, 요구, 원망 등을 해서는 안 돼요. 이것은 감사의 의미가 충분히 전달된 후에 해도 늦지 않아요.

넷. 권리

특히 권리 다툼이 생겼을 때, 즉 내 편의나 이익과 상대방의 그것이 서로 대립할 때 내 주장을 평화롭게 하는 것이 생각보다 힘들 수 있어요. 하지만 이럴 때일수록 평화 대사를 배운 사람답게 의젓하고 올바르게 말해야 해요. 사소한 권리 다툼이, 그로부터 시작된 말싸움이 삽시간에 학교폭력으로 비화되는 사례가 많은 것은 모두가 아는 사실이에요. 민감한 일상 대사인 만큼 세심하게 구사해야 해요. 첫째 주장이 나오게 된 상황의 객관적 묘사, 둘째 주장에 대한 합당한 근거, 셋째 상대방의 수긍을 바라는 어조 등의 요소를 잘 지킬 수 있도록 실제 사례를 가지고 연습해봐요.

다섯. 사과

사과는 일상 대화 중에서도 평화욕망을 가진 사람이 가장 민감하게, 또 중요하게 구사해야 하는 부분이에요. 미국의 정신과 전문의 아론 라자르(Aaron Lazare)는 명저 《사과 솔루션》에서 진정한 사과를 위해서는 첫째 객관적인 사실의 인정, 둘째 진심 어린 후회, 셋째 충실한 해명, 넷째 적절한 보상(조치)이 필요하다고 말했어요. 따라서 사과 대화에는 이런 말들이 다 들어가야 해요. 가상으로 또는 과거의 사건이라도 좋으니 사과문을 작성해보고, 읽어보는 훈련을 하면 도움이 될 거예요.

나의 평화 대본 점검해보기

나는 평소에 어떻게 대화를 할까요? 다음에 나오는 체크리스트를 활용해 나의 일상의 대화를 돌아보세요. 내 대화가 내 인생 각본이라면 계속 유지하는 것이 좋을까요, 아니면 바꾸는 것이 나을까요? 체크리스트로 점검하다 보면 자신의 대화 패턴이 보일 거예요.

1. 대화에 앞서 서로 눈 맞춤을 했나요?

    눈 맞춤은 모든 소통의 시작이에요. 단순한 말 건네기가 아니라 사회적 의사소통을 하겠다는 의지의 교환이죠.

    □ 매우 그러함 □ 그러함 □ 그렇지 않음 □ 매우 그렇지 않음

2. 지나치게 짧은 말이나 줄임말이 아닌 자신의 생각과 감정을 충실히 나타내며 대화를 구성했나요?

    □ 매우 그러함 □ 그러함 □ 그렇지 않음 □ 매우 그렇지 않음

• 아론 라자르 박사가 1,000여 건의 역사적, 정치적, 개인적 사례를 분석해 사과에 대한 학문적 기초를 최초로 확립한 '사과론'의 고전이다. 사과의 의미와 가치, 가해자와 피해자 입장에서 중요한 요소, 성공하는 사과의 조건과 절차, 사과의 동기와 회피와 지연의 이유, 사과 조건에 대한 협상, 사과와 용서의 관계 등을 입체적으로 조명하고 있다.

3. 먼저 상대방의 입장을 헤아린 후에 나의 의도를 드러냈나
   요?

   ☐ 매우 그러함   ☐ 그러함   ☐ 그렇지 않음   ☐ 매우 그렇지 않음

4. 나의 말을 구성할 때 정성을 기울였나요?

   '후딱 해치우는' 것이 아니라, 나의 말이 상대방과의 관계를 성장시키
   는 도구가 되어야 해요. 성의 없는 말 한마디에 나의 진심이 왜곡된다
   면 참으로 슬픈 일이겠죠?

   ☐ 매우 그러함   ☐ 그러함   ☐ 그렇지 않음   ☐ 매우 그렇지 않음

5. 다른 사람이 말할 때 주의를 기울여 잘 들었나요?

   연극 공연에서의 관객을 떠올려보세요. 연극 요소의 한 부분인 관객
   의 환호, 웃음, 야유 등은 공연에 큰 영향을 미치죠. 일상에서도 상대
   방에게 알맞게 호응하면서 듣는 것, 또 다른 사람이 말할 때 동시에
   말하면서 상대의 대사 자체를 뭉개지 않도록 하는 것이 필요해요.

   ☐ 매우 그러함   ☐ 그러함   ☐ 그렇지 않음   ☐ 매우 그렇지 않음

   일상의 대화를 연극적 관점에서 점검해보면 자신의 대화 습
관이 어떤지 객관적으로 볼 수 있어요. 그리고 내 삶의 품격을
높이는 대화를 하기 위한 방법을 알 수 있죠. '인생은 연극'이

라는데, 내 인생극을 저질 대사로 가득 채울지, 인간적이고 아름다운 말로 채울지는 결국 자신에게 달려 있어요. 그리고 자신의 대화 습관을 점검해보는 것으로도 '시작이 반이다'라는 우리 속담도 있듯, 이미 달라질 마음의 자세를 갖추었다는 것이고요.

연극을 만든다는 것은

한 중학교의 또래 상담반 학생들이 상담 선생님과 함께 낭독극을 만들었어요. 연극은 무대 위에서 펼쳐져요. 따라서 배우라면 관객들을 마주할 대담함이 필요하죠. 의사소통에서 언어는 7퍼센트가량이고 나머지는 "좋냐?" "좋아?" 하는 애드리브, 표정, 눈길 등의 비언어적인 요소가 더 많아요. 상담반 학생들은 내성적인 성향을 가진 친구들이 많아서 이런 적극성을 요하는 연극보다는 시 낭독극이 더 맞겠다는 판단을 했어요. 또 글을 잘 쓸 것 같았고요. 이 낭독극을 하면서 학생들은 또래들과 진지한 대화를 할 수 있다는 걸 알게 되었어요.

다음은 또래 상담반 학생들이 쓴 시 중 일부예요. 학생들 모두 시를 참 잘 써서 함께 작업을 한 상담 선생님을 놀라게 했어요.

연필

_이○○

어디에 가든 어디에 있든
하나씩은 꼭 있는 연필
흔하고 싸니까
사람들은 연필을 망가뜨린다
부러뜨리고, 던지고, 찌르고
껍질을 벗겨낸다
계속 망가지면 다시 쓰지 못하는 걸 모르고
사람에게도 마찬가지다

○○중 아이들

_장○○

밝고 순수한 ○○중 아이들
시끌벅적 떠드는 ○○중 아이들
그 사이에 나도 껴 있다
모두가 빛난다

빛이 있다면 그 뒤에 그림자가 있다
그 그림자 뒤엔 밝고 순수했던 아이들이
어느 날 문득 '죽고 싶다'라는 생각을 하게 된다
나도 마찬가지다

이 말을 이제 잊어주세요
항상 밝은 모습으로 있어야 되는 나
정말 힘들다

빛과 그림자

_손○○

이 세상에는 많은 빛과 그림자가 있다
그럼 그 빛은 무엇이고 그림자란 무엇인가

남이 볼 때는 내가 하나의 빛으로 보일 때가 있다
SNS 또는 밝은 모습, 멋진 모습으로 보일 때 말이다

하지만 내 안의 속 모습은 그림자인 것은 아닌가

화려한 겉모습의 반면에 내 안 속 모습은
어둡고 슬픈 그림자의 모습은 아닌지

나는 나로 살자 빛처럼 화려하고 밝게만 빛난다면
어두워지는 그림자의 크기도 커질 것이다

빛과 그림자 사이 딱 그 인생이 나를 나로 만들 수 있을 것이다
화려하지만 또는 어둡기만 한 그 사이 그 정도의 나

　시를 쓰는 친구들의 내면 갈등은 그들만의 것이 아니라 우리 모두의 것이기도 해요. 친구들은 낭독극을 하면서 자신이 가진 고민과 갈등의 굴레를 하나하나 끊어갈 수 있었어요. 연극이라는 알리바이는 나를 직접적으로 드러내지는 않지만, 나의 내면 깊은 곳에서부터 곪은 상처를 치유하는 '아름다운 수술'이 될 수 있어요. 처음부터 연극을 하기 부담스럽다면 또래 상담반 친구들처럼 시극이나 낭독극을 해보는 것도 좋아요.

우리가 만드는 세상의 빛과 그림자

연극 포스터를 보면 어떤 생각이 드나요? 길을 가다 우연히 든 인터넷 서핑을 하다 눈에 띄어 일부러 클릭을 해서든 연극 포스터를 보게 될 거예요. 연극에 관심이 있는 사람이라면 더욱 많이 볼 거고요. 포스터에는 고전 연극도 있고, 지금 시대와 세상을 이야기하는 창작극도 있어요. 우리나라를 배경으로 하는 연극도 있고, 서양이나 가상 공간의 이야기도 있어요. 때로는 폭소와 재미로, 또 때로는 눈물과 감동으로 손짓하는 다양한 연극이 있죠.

모든 예술 장르가 그러하겠지만 특히 연극은 나에게, 나의 상황에 맞는 것일 때 더욱 와닿습니다. 그래서 우리는 우리에게 맞는, 우리에게 필요한 연극을 만들 필요가 있어요.

지금 우리가 사는 세상은 빛과 그림자가 모두 있어요. 태양, 초록 숲, 푸른 바다 같은 자연이 주는 아름다움이 있죠. 부모의 한없는 사랑, 환자를 살리기 위한 의사의 거룩한 희생정신, 일상의 소소한 평화도 있어요. 반면에 자기 번민과 갈등, 인간관계에서 겪는 시기와 질투, 사회 곳곳에서 벌어지는 혐오와 배제, 차별과 전쟁도 있습니다.

세상의 빛과 그림자는 무엇으로 만들어질까요? 그리고 무엇이 그 차이를 만들까요? 빛과 그림자는 우리 스스로가 만들어내요. 내 마음은 물론 교실, 세상의 빛과 그림자도요.

자, 이제부터 우리한테 맞는 연극을 만들어봐요. 우리의 인생 각본으로 만드는 연극, 바로 평화극이에요. 우리의 일상 대화를 들여다보고, 말 하나하나가 폭력의 시초가 되는지, 평화의 물꼬가 되는지 살피고, 갈등과 사건을 어떻게 얽어서 한 편의 이야기로 만들지 토론하면서 우리 삶의 그물들을 명쾌하게 풀어가봐요. 평화의 해답으로.

지금 내 마음에도, 우리가 사는 세상에도 혐오와 배제가 가득할 때가 많아요. 슬프게도 교실에서도 그런 모습을 자주 볼 수 있어요. 그리고 그것은 종종 폭력의 형태로 드러나죠. 우리 함께 연극을 통해 이것을 다시 생각해보고, 느껴보고, 어떻게든 고쳐보려는 노력을 해봐요. 서로 배제하거나 혐오하지 않도록 하려면 어떻게 해야 하는지, 내 마음의 평화, 평화로운 세상을 위해서 우리가 지금 붙들고 있는 무언가를 놓으면 어떻게 되는지 '안전하게' 경험해봐요. 연극은 '허구'라는 안전장치가 있으니까요.

창조하는 인간, 호모 크레아투라

  평화롭지 못한 학교의 '아름다운 수술'을 위해 '평화공작소'라는 연극 모임을 한 적이 있어요. 무엇이 우리의 평화를 깨는 것일까? 학생들 사이의 지배와 피지배, 기브 앤 테이크(give and take) 우정, 서로를 차별하고 끼리끼리 구분하는 문화, 자신이 우월하게 보이고 싶어 하는 못된 욕망들……. 학생들 스스로 이런 문화를 바꾸려는 노력을 해보려는 시도였어요.

  프랑스의 철학자 베르그송(Henri-Louis Bergson, 1859~1941)은 '모든 세계와 인간은 변화와 창조를 갈망하며 인간적 창조의 본질은 정신적 창조성에 있다'라는 유명한 말을 했어요. 그의 《웃음》이라는 책을 보면 웃음이야말로 창조의 시초라고 할 수 있어요. 다양한 감정을 여러 가지 형태로 조절하고 '창조'해야 비로소 다른 동물은 좀처럼 지을 수 없는 '웃음'을 짓게 되죠.

  4차 산업혁명에 대한 '이 시대에 유일하게 변하지 않는 것은 「변하지 않는 것은 없다」라는 사실 뿐이다'라는 유명한 말도 있어요. 우리 인류는 오랫동안 창조를 거듭하며 문명을 발전시켜왔어요. 창조하는 인간, 호모 크레아투라(Homo Creatura)라고 하죠. 연극은 나의, 우리의 '욕망'을 넘어선 '변화'와 '창조'의 세계로 우리를 안내할 수 있어요.

연극 만들기는 기승전결이 있는 논리적인 작업 과정이기도 해요. 철저하고 세밀하게 계획을 세우고 연습을 했을 때에야 비로소 그 성공을 보장받을 수 있죠. 처음에는 우리가 만들려는 연극의 주제가 다소 모호해도 인물을 설정하고 스토리를 만들어나가면서 점점 구체화되고 연극에 생명을 불어넣게 돼요. 그리고 그것이 공연의 형태로 잘 표현되면 지켜보는 관객은 그 주제를 실감 나는 자신의 이야기로 받아들이게 되죠.

이제까지 연극은 내 삶과는 무관한, 특별한 사람들만이 할 수 있는, 가까이하기엔 너무나 먼 당신이었을지 몰라요. 하지만 특별하고 거창해 보이는 연극을 일상 속 다양한 소재로 해보면 결코 어렵고 굉장한 것만은 아니라는 걸 알게 될 거예요. 그리고 연극이 우리 삶 곳곳에 연결되어 있다는 걸 느낄 거예요. 매일 앉아 공부하는 의자, 보는 책, 항상 불리는 우리의 이름 등 일상 소재를 새롭게 탐색하고, 그 안에 숨은 이야기를 찾아 연극으로 자연스럽게 확장하면 되니까요.

연극을 한 번 보거나 해봤다고 해서 모든 게 나아지지 않을지라도, 작은 변화만이라도 일어난다면 충분히 가치 있는 일이에요. 평화극을 통해 적어도 나와 가족들 사이에서는, 우리 반에서는, 내 주변에서는 혐오와 배제, 차별, 폭력이 없는 세상을 만들도록 노력해봐요.

거듭 이야기하지만 연극은 읽거나 보는 것과 직접 해보는 것에는 큰 차이가 있어요. 연극을 해보지 않고는 연극을 '직접' 만났다고 하기는 어려울 거예요. 이제 우리 함께 인생 평화극을 다시 써나가요.

'선생님이 하라니까 마지못해 한다!'

'다른 사람들이 하는 거 보니까 멋있어서 한다!'

비록 이런 작은 출발에서 시작한 연극일지라도 우리의 이야기, 함께 만들어가는 사람들의 고민이 모여 하나의 서사가 되죠. 그렇게 만들어진 대본은 생각했던 것 이상의 몰입감과 성취감을 안겨줄 거예요.

연극 만들기 체크리스트

전문 연극배우가 아닌 우리는 우선 몸풀기(warming-up) 과정을 통해 연극적인 상상과 변형에 익숙해질 필요가 있어요. 우리가 만들려는 연극이 우리의 삶을 반영하고 나아가서 우리 삶을 더욱 풍부하게 하려는 평화극이죠. 그렇기에 더욱 즐겁고 자연스러운 활동 속에서 몸과 마음을 가다듬어야 해요.

평화극은 우리의 삶을 연극적인 상황으로 묘사해서 더욱 안전하게 재현해보는 활동이기도 해요. 그래서 연극의 규칙과 액션-리액션의 연결 같은 공연 절차를 잘 따르겠다는 약속을 할 필요가 있어요. 무대에서 모든 배우가 순서를 무시하고 동시에 떠들어댄다면 관객에게 제대로 메시지를 전달할 수 있을까요? 또한 발음, 발성, 감정 표현의 기본이 되는 훈련을 놀이처럼 하

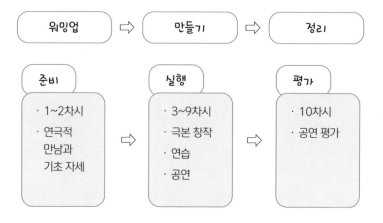

면서 내가 가진 생각과 감정을 적절하고 효과적으로 전달하는 방법도 연습해야 할 거예요.

본격적인 연극 만들기 단계에서는 우리의 이야기로 만드는 극본 창작 과정, 연기 연습, 무대, 음향, 조명 등의 기술적인 부분을 갖추는 과정이 이어져요. 이후에 자세히 나오겠지만 총연습만 하더라도 드라이 리허설, 드레스 리허설, 테크니컬 리허설 등으로 세분화되어 진행돼요. 오프닝과 커튼콜, 그리고 필요하다면 이어지는 후속 활동에 관한 고민도 연극 만들기의 본단계에서 이루어지죠.

공연이 끝난 후의 정리(wrap-up) 단계도 중요해요. 전문 극단에서는 흥행 성적, 공연의 완성도를 묻는 평가 단계를 밟아요. 우리는 그렇게 하는 대신 아래의 질문을 처음의 마음으로 다시 한번 물어봐요.

우리 연극이 던지는 본질적 질문

막상 연극을 시작하려니 과연 잘할 수 있을까 하는 의문도 생길 거예요. 해보지 않은 걸 하려면 처음에는 누구나 두렵고 긴장되긴 마찬가지예요. 그래도 한 발짝 내딛을 수 있느냐 아니냐로 엄청난 결과의 차이를 만들죠. 'Just do it!' 생각에서 행동으로 나아가는 데 안전한 쿠션 역할을 위해, 참여자는 아래 질문에 자신의 생각이나 의견을 솔직하게 이야기해주어야 해요. 연극은 함께 만들어나가는 작업이니까요.

준비 단계에서는 내 몸과 마음이 연극 작업을 하기에 충분히 열려 있는지, 평소에 평화로운 대화 연습과 상대와의 관계를 성장시키려는 마음이 잘 준비되어 있는지 점검해요.

실행 단계에서는 우리가 만든 이야기에 적극적으로 기여하고, 성실하게 최선을 다해 연습에 임하는지 점검해요. 우리 연극이 창조욕망과 의미욕망의 실천적 형태로 잘 실행되는지 서로 물으며 연극 작업이 성장의 바탕이 되도록 신경을 써요.

단계	본질적 질문
	평화극의 질문

준비	· 다양한 관점에서 상상과 변형을 시도하는가? 언어, 비언어적인 표현에 능숙한가? · 상대방의 말과 행동을 주의 깊게 보고 그에 화답하여 자신을 표현하는가? · 불안, 혼란, 배제, 혐오, 폭력적인 상태에 나를 놓아두지 않았는가? · 생각과 감정을 정확하게 오해 없이 표현하는 데 적극적인가?

⇩

실행	· 팀(학급)의 작품을 완성하는 과정에서 창조의 기쁨을 느끼는가? · 맡은 역할에 대하여 진지하게 탐구하고 몰입하는가? · 자신과 다른 사람의 협업이 한 편의 작품으로 귀결되는 과정을 이해하는가? · 우리 이야기의 발달-전개-절정-결말에서 평화 서사가 발견되는가? · 약속한 규칙을 지키고 동료들과 잘 어울리면서 활동하였는가?

⇩

평가	· 무대 경험의 성취를 자신만의 언어로 표현할 수 있는가? · 본 공연에서 내 인생 각본에 가장 참고해야 할 사항은 무엇인가?

평가 단계에서는 우리가 표현하고자 하는 메시지가 잘 전달되었는지 관객의 호응도나 현장에서의 상황을 살펴요. 색깔이나 음식 등으로 우리 연극을 비유해도 좋아요. 상징화 작업을 통해 연극을 한 경험이 우리의 마음에 무엇을 새겼는지 짚어보면 좋을 거예요.

이 질문들을 연극을 만들면서 수시로 해보면 우리가 왜 연극을 만드는지 더 잘 이해할 수 있을 거예요.

연극 진행 과정 체크리스트

아래의 진행표를 활용해 연극 만들기의 진도를 점검해봐요. 배우들의 흥과 끼로 가득 채우는 무대를 보면 연극 작업이 즉흥적일 것만 같아요. 하지만 그 무대를 만들기까지는 꽤 세심한 절차와 점검이 필요해요. 아래의 체크리스트는 관객에게 선보이는 공연을 하기 위해 연극을 준비하는 사람들이 최소한으로 점검해야 하는 항목이에요. 처음부터 끝까지 대체로 이 순서대로 점검하면서 연극을 서서히 완성해가는 것이죠.

차시	소주제	활동 주제	내용(□에 체크 ✓ 표시하기)
1~2	연극 놀이	몸과 마음의 긴장을 풀고 연극에 임하기	□ 게임 활동을 통해 연극에 대한 흥미 유발(참여자 사이의 심리적인 장벽을 없애고, 몸과 마음의 긴장을 푸는 활동) □ 몸과 마음을 릴랙스하기 위한 활동 □ 간단한 발성과 동선 연습
3	극본 창작하기	자신의 경험과 상상력을 바탕으로 이야기 만들기	□ 이야기의 씨앗이 될 수 있는 활동하기(개별 '6조각 이야기 만들기'를 통해 피라미드 방식으로 추리거나 문학작품을 읽고 씨앗 발굴하기) □ 모둠별 이야기 나눔 및 대표작 선정 □ 학급 이야기 선정 □ 선정된 이야기의 흐름 정교하게 다듬기
4		대사와 몸짓을 넣어 극본 완성하기	□ 이야기의 흐름을 공간으로 구획하여 과정 드라마 진행하기(선정된 이야기를 '공간'이나 '시간'을 중심으로 구획) □ 과정 드라마 진행 과정 중에 첨가된 내용을 토대로 캐릭터 및 대사 완성하기 □ 대사와 지문을 적절하게 넣고, 참여 인원수에 맞게 등장인물 조정하여 극본 완성하기
5	공연 준비	극본 읽기, 역할 정하기	□ 그냥 읽기(드라이 리딩, 내용 파악을 위한 돌아가며 읽기) □ 배역(캐스팅, 자발성을 중시하여 역할 정하기) □ 감정 잡고 읽기(이모션 리딩, 역할에 따라 감정 잡고 읽기)

6~7	연극 연습하기	연기 훈련하기	☐ 연기 훈련, 장면 연습, 대본 외우기 ☐ 음악 및 음향효과 선정(필요 시 영상) ☐ 무대 설계 및 디자인, 홍보 포스터 ☐ 소품이나 분장을 결정하고 실행해보기
8		총연습하기	☐ 실제 무대에서 분장, 소품, 의상을 갖추고 음향 및 조명 상태 점검 ☐ 입장과 퇴장, 끝인사(커튼콜) ☐ 총점검 및 공연 의지 다지기
9	연극 공연	공연하기	☐ 관람객의 공연 관람 에티켓 교육하기 ☐ 최선을 다해 공연에 임하기
10	평가	공연 평가하기	☐ 상징화 작업으로 다른 팀 공연 평가하기(관람평) ☐ 상징화 작업으로 우리 팀 공연 평가하기(소감) ☐ 소감문 작성하기

연극 구성 요소 큐시트 활용하기

연극을 종합예술이라고 부르는 이유는 음악, 미술, 문학 등 여러 다른 장르의 예술이 모두 결합하는 형태이기도 하고, 그것들이 표현하려는 주제(또는 극본)와 서로 잘 어울려야 하기 때문이에요. 큐시트는 연극을 진행할 때 각자 해야 할 일과 챙겨야 할 일을 시간 순으로 적은 표예요. 아래 형식의 큐시트를 채우고, 리허설(총연습)부터 꼼꼼히 점검해보세요. 보통은 대본으로 대신하지만 무대 감독이 있을 때는 꼭 큐시트가 필요해요.

〈 연극 큐시트 〉							
연극 제목: 평화 리더스							
공연 일시: 20 . . . ( ) 00:00~00:00(약____분 소요 예상)							
출연진: 진행자─ _____							
연기자─ _____							
시간		항목	진행 내용	음향 (영상)	조명	소품	기타
1막	0초	무대	오른쪽 왼쪽 중앙 벤치	없음	다소 어둡게		핀마이크 체크
	3초	무대 중앙	영혼 없는 치어 댄스	헤이 미키	노란색 치어리더 집중 조명	치어리딩 응원술	

연극 활동을 시작하기 전에

　본격적으로 연극 활동을 시작하기에 앞서 긴장과 불신의 벽을 허물고, 연극을 통해 자신을 드러내는 활동이 필요해요. 몸과 마음을 부드럽게 풀고 고양된 분위기 속에서 간단한 미션을 통해 표현을 연습하는 단계라고 할 수 있죠. 다른 사람의 표현에 반응하다 보면 친밀도와 신뢰감이 쌓이면서 함께 공동 작업을 하는 동료로서 평화와 우정의 관계 맺기의 기초를 형성할 수 있어요.

　이른바 '몸풀기' 단계라고 할 수 있는 본격 공연 작업 직전의 이 단계는 그냥 노는 것처럼 보일지 모르지만, 전체 프로젝트의 성패를 좌우할 정도로 중요합니다.

준비 몸풀기

이끔이(리더)가 지휘할 수도 있지만, 우리가 '그냥 놀 때' 그러하듯이 서로 역할과 규칙을 정하고 자유롭게 놀면 됩니다. 그러다 보면 자연스럽게 발성과 몸짓 연습을 할 수 있어요. 놀이는 1막에서 소개한 놀이도 좋고, 아래 나오는 놀이도 좋아요.

이리저리 걷기

· 음악이나 리듬에 맞추어 천천히 걷는다.

· 접촉이나 대화 없이 걷기 → 한 마디 인사(말)하기 → 한 군데 신체 접촉하기(손바닥, 무릎, 발바닥 등) 등으로 진행한다.

·놀이에 참여한 친구 중 한 명은 나를 향해 날아오는 화살(되도록 멀리 떨어지기), 한 명은 나를 지켜주는 방패(화살과 나 사이에 오도록)로 정하고 걷는다.

이어서 소개되는 활동들은 여러 가지 연극 놀이 중에서 쉽고 재미있게 해볼 수 있으면서 그 효과가 좋은, 이른바 가성비 높은 몸풀기 활동이에요. 연극을 전문적으로 배우지 않아도 연극적 표현에 꼭 필요한 기초 기술을 익힐 수 있어요. 이때 가장 중요한 것은 여러분의 자발성과 적극성이에요.

먼저, 공간 그리고 내 몸의 신호에 집중하는 활동으로 스스로의 긴장, 이완 상태를 조절해요. 그리고 이리저리 걸어요. 처음에는 이렇게 걷는 것이 어색하게 느껴질 수도 있어요. 주변 눈치를 보는 것에 익숙하기 때문이에요. 음악 등에 몸을 맡기고 내 뼈와 근육, 신경 등에 감각을 집중해보세요. 평화로움의 근본이 되는 나의 온전한 존재감을 느껴보는 거예요.

내가 나의 존재감을 충분히 느껴야 다른 사람의 존재감도 알아차릴 수 있고 존중도 할 수 있어요. 한 사람이 북과 채를 이용하여 활기를 불어넣어요. 이 역할을 돌아가면서 하면, 우리 몸에서 나오는 부자연스러움, 지금의 이 어색함을 깰 수 있어요. 지나치게 의식하는 것들도 조금씩 자연스럽게 되어가고요.

그리고 우리 사이의 관계도 조금 드러나요. 인정받는 아이들은 주로 중앙에서, 인정받지 못하는 아이들은 주변부에서 자기들끼리 장난을 하는 경우가 있어요. 그런 분위기를 스스로 깨닫고 '평등한 그림'이 되도록 조절하면서 몸 움직이기를 해봐요.

샐러드 게임

· 인원수보다 한 자리 부족하게 의자를 놓고 모두 빙 둘러앉는다.

· 한 사람씩 차례로 과일(사과, 배, 포도, 복숭아 등)을 지정받고, 이후에는 무슨 대답이든지 그 과일 이름으로 대답한다.

· 술래는 앉아 있는 사람 중 하나에게 질문한다(어떤 질문이든 괜찮고, 창의적인 질문일수록 좋다).

· 어떤 과일 이름이 답으로 나오면 그 과일 이름에 해당하는 사람이 반드시 자리를 바꾸고 술래를 비롯한 자리 바꾸기에 참여한 사람들이 빈 곳을 찾아 앉는다.

· 끝까지 자리에 앉지 못한 사람이 술래가 된다.

· '샐러드!'라고 외치면 모두가 자리를 바꾼다.

이렇게 두 놀이를 하고 난 뒤에는 꼭 뒷이야기를 나눠봐요. 놀이를 하면서 은연중에 혹은 노골적으로 드러나는 혐오와 배제, 폭력의 시선이나 말, 몸짓은 없었나요? 그런 것들이 쌓여서 우리 삶이 폭력극이 되지 않는지 생각해보면 우리의 평화지수는 훌쩍 높아질 거예요. 자, 다음 게임!

우리 주변에는 도처에 경쟁의 무대가 널려 있어요. 남을 평가하고, 내가 평가받는 것에 익숙하죠. 그래서 많은 행동이 결과의 좋고 나쁨으로 판단되기도 해요. 폭력의 씨앗은 여기에서부터 자라는지도 몰라요. 다른 사람을 힘들게 해야 나의 욕망이 충족되는 원리를 이런 과정을 통해 학습하는 것이죠. 자, 다음으로 '자리 뺏기'와 '자리 지키기' 게임을 이어서 해봐요.

자리 뺏기: 경쟁 체험하기

- 교실에 의자를 적당히 흩어놓는다.
- 의자를 3~4개 뺀다. 북소리 등에 맞춰
  자유롭게 걸어다니다가 약속한 신호가
  나오면 재빨리 자리에 앉는다.
- 의자의 개수를 줄이고, 다시 한다.
- 2명 또는 1명이 남을 때까지 한다.

누가 시키지 않아도 참여자들은 의자를 뺏기 위해서 치열하게, 약간 이기적으로 경쟁하게 될 거예요. 경쟁은 탈락한 친구에게 크게 작게 박탈감을 주고, 우승자는 우쭐대거나 그러겠죠. 이때 내 마음이 어떤지 느껴보세요. 우승자에게 진심으로 축하해주고 싶거나 나의 마음이 편안한가요? 이 마음의 결을 잘 느끼면서 다음 게임으로 넘어가요.

자리 지키기: 협력 체험하기

· 다시 의자를 인원수만큼 배치한다. 거기에 술래의 의자도 하나 더 놓는다.
· 술래는 반드시 기꺼이 할 사람, 마음 근육이 단단한 사람으로 한다.
· 의자와 의자 사이에는 사람이 다닐 수 있는 공간이 반드시 있어야 하며, 서로를 터치하거나 뛰지 않도록 한다.
· 술래는 빈 의자에 앉기 위해 노력한다. 오로지 술래가 빈 의자에 앉지 못하는 시간을 늘리는 것을 목적으로 한다.

· 이때 직접 진로를 막아서거나 술래의 몸에 손을 대면 안 된다.
· 1분 이상 술래를 못 앉게 하면 게임을 마친다.
· 술래는 공평하게 돌아가면서 한다.

이 게임에서 술래는 외부의 적인 셈이에요. 학교폭력이나 우리의 삶을 저해하는 어떤 요소로 생각해도 좋겠어요. 그 외부의 적을 우리 공동체의 힘으로 막아서서 자리 잡지 못하게 할 수 있을까요? 술래 이외의 사람들은 어떻게 해야 술래를 막아낼 수 있을까요? 방어 시간이 길어질수록 우리 사이의 협력은 강화되겠죠. 이제 자리 뺏기 게임과 자리 지키기 게임을 비교해서 토론해봐요.

'어느 게임이 더 즐거운가요?'

'어느 게임이 더 힘든가요?'

'어느 게임이 우리의 삶과 더 닮아 있나요?'

기초 연기 훈련 놀이

이제는 연극의 기본 원리인 상상과 변형, 그리고 되어보기(as if~)를 체험할 차례예요. 1막에서 소개한 막대기 놀이를 먼저 해보면 좋아요. 어떤 것이든 처음 할 때는 어색하고 쑥스러울 거예요. 평화로운 우정의 대사가 아직은 우리에게 오글거리는 것처럼 말이죠. 하지만 서로 관심 있게 봐주고, 함부로 나쁘게 평가하지 않으면 우리의 평화 지수는 한층 더 높아질 거예요.

처음 해볼 것은 추상적인 주제를 구체적, 물질적으로 표현해보는 활동이에요. 물질적인 것이라 하면 건물, 물건, 음식, 인물, 동물, 식물 등이 떠오르죠? 그렇다면 '평화' 하면 어떤 것이 떠오르나요? 각자 곰곰이 생각해보고 그걸 몸으로 표현하세요. 내가 내 몸을 조각하는 조각가가 되는 거예요. 부끄러워할 필요 없다고 서로 격려해주세요. 여러분은 분명 몸과 마음속에 쌓여 있던 표현 욕구와 가능성을 마주하게 될 거예요.

몸 조각하기

- A팀, B팀으로 나누어 주제를 하나씩 정한다. 한 팀은 물질적 주제, 한 팀은 추상적 주제로 한다. 예를 들면 한 팀은 '부천(물질적)', 다른 팀은 '평화(추상적)'를 주제로 정한다.
- 팀별로 몸 조각할 순서를 정한다.
- 주제에 따른 장면을 각자 잠깐 상상한다.
- 번호 순서대로 나와 상상한 바를 몸으로 표현한다.
- 먼저 한 사람은 끝 순서 친구가 몸 조각을 마칠 때까지 그대로 멈춰 있는다.
- 모두 마치면 사진을 찍는다.
- 관람하던 상대 팀은 질문을 하고, 그에 따른 자연스러운 토론이 가능하다. 이를테면 "왜 부천이 고인돌이야?"라는 식으로 말이다.
- 마지막에 다시 동그랗게 앉아서 상대 팀을 보면서 느낀 점, 인상 깊었던 점, 궁금한 점을 자유롭게 표현한다.

그 밖에 다양한 연기 놀이가 있어요. 각자 상황에 따라 해보
세요.

지금 뭐 하세요?

· 한 사람이 나와 마임을 한다(예: 양치질).

· 다음 사람이 나와 "지금 뭐 하세요?"라고 물으며 마임을 하는
사람에게 다가간다.

· 마임을 하던 사람은 해당 마임을 계속하면서 자신이 하고 있
지 않은 일을 대답한다(예: 양치질 마임을 하며
"저, 자전거 타요"라고 답하는 식이다).

· 질문한 사람은 바로 그 대답에 맞는
마임을 한다.

· 모든 사람이 다 할 때까지 계속한다.

어, 이게 아닌데?

· '지금 뭐 하세요?'와 같은 방식으로 진행한다.

· 한 사람이 마임을 하면 다음 사람이 "어, 이게 아닌데?" 하고
다가간다. 마임을 하던 사람은 그 소리를 듣자마자 마임을 중
단하고 그대로 멈춰 있는다.

· 다가간 사람은 앞사람이 무엇을 하건 자신의 의도대로 시공

간이 전환되도록 대사와 동작을 취한다(예: 양치질하던 사람을 정지시키고, "어머, 손님. 오랜만이에요. 머리 손질하신 지 한참 되셨죠?"라며 머리 매만지는 동작을 하는 식이다).

· 두 사람이 새로운 무대(예: 욕실 → 미용실)를 채우고 있는 사이, 다음 사람이 또다시 "어, 이게 아닌데?"를 외치며 개입한다.

· 10명 정도가 누적될 때(10장면 전환) 멈추고, 새로 시작한다.

발성과 발음 훈련

발성과 발음 훈련은 말을 하는데 기본이 되는 근육을 키우기 위한 것이에요. 또박또박한 발음으로 전하려는 이야기를 정확하게 전달하는 것은 사실 연극에서만 필요한 게 아니죠? 미리 발성과 발음 연습을 해두면 평소에 말할 때도 도움이 돼요.

먼저 '배가 안 나와 보이게 하고 싶다'는 심정으로 배에 힘을 꽉 주면서 허리와 목을 꼿꼿하고 바르게 잘 세웁니다. 그 상태에서 소리 내어 말해요. 입 모양을 모음에 맞게 정확하게 벌리면 발음이 좋아지죠. 내 마음을 정확하게만 전해도 생기지 않았을 오해, 자신감 있는 태도로만 나갔어도 당하지 않았을 불명예가 있다면 이런 훈련이 실제적인 도움이 될 수도 있어요.

발성 훈련

· 발성 자세 잡기
· 한글 '가갸거겨 표'를 배에 힘을 주고, 밖으로 내뱉는 방식으로 크게 읽도록 한다.

가갸거겨 표									
가	갸	거	겨	고	교	구	규	그	기
나	냐	너	녀	노	뇨	누	뉴	느	니
다	댜	더	뎌	도	됴	두	듀	드	디
라	랴	러	려	로	료	루	류	르	리
마	먀	머	며	모	묘	무	뮤	므	미
바	뱌	버	벼	보	뵤	부	뷰	브	비
사	샤	서	셔	소	쇼	수	슈	스	시
아	야	어	여	오	요	우	유	으	이
자	쟈	저	져	조	죠	주	쥬	즈	지
차	챠	처	쳐	초	쵸	추	츄	츠	치
카	캬	커	켜	코	쿄	쿠	큐	크	키
타	탸	터	텨	토	툐	투	튜	트	티
파	퍄	퍼	펴	포	표	푸	퓨	프	피
하	햐	허	혀	호	효	후	휴	흐	히

돌아가며 말하기

- 한 글자 단어 말하기(꽃, 숨 등)
- 두 글자 단어 말하기(구름, 이발 등)
- 세 글자 단어 말하기(기러기, 바가지 등)
- 글자 수에 따라 소리 크기 다르게 하기(한 글자는 작게, 두 글자는 보통, 세 글자는 크게 등)

발음 훈련

- 천천히 또박또박 발음하는 것을 중시하도록 한다.
- 말놀이로 훈련하면 좋다.
- 모둠별로 게임 형식으로 발음 훈련을 할 수 있다.

- 간장공장 공장장은 강공장장이고, 된장공장 공장장은 장공장장이다.
- 저기 있는 저분은 박 법학박사이고, 여기 있는 이분은 백 법학박사이다.
- 저기 가는 저 상장사가 새 상장사이냐 헌 상장사이냐.
- 중앙청창살은 쌍창살이고 시청창살은 외창살이다.
- 한양양장점 옆 한영양장점, 한영양장점 옆 한양양장점.
- 저기 있는 말말뚝이 말 맬 만한 말말뚝이냐 말 못 맬 만한 말말뚝이냐.
- 옆집 팥죽은 붉은 팥 팥죽이고, 뒷집 콩죽은 검은콩 콩죽이다.

대사(감정) 훈련

· 아래의 평화 대사들을 외워서 실감 나게 서로 주고받는다.

· 대사는 인사, 질문, 감사, 주장, 사과의 말로 준비한다.

· 어제 약속한 것을 지금부터 행동으로 보이겠습니다.
· 카톡방에서 우리가 나눈 대화들은 우리 수준을 드러내는 것 같아.
· 서로 사이좋게 지내는 것은 촌스러운 것이 아니라 인생의 재산을 늘리는 소중한 일이야.

말들을 한 번 대사처럼 낭독하고, 감정과 분위기를 살려 외워서 읊어보세요. 처음에는 의외로 어색할 수 있어요. 아니, 많이 어색할 거예요. 하지만 차츰 아무렇지 않게 돼요. 모든 연극 준비 운동은 다소 느리거나 쑥스러움을 많이 타는 친구도 함께 기다려주고 응원하는 태도로 해야 해요. 이 작업들은 놀이 활동과 창작 공연을 자연스럽게 연결하는 고리가 돼요. 걷기부터 시작한 연극 게임 활동이 '내가 아닌 다른 어떤 것이 되어보는' 연극의 기본 원리이기 때문이죠. 이 단계를 마치고 나면 오늘 한 활동에 대한 소감을 간단히 적어서 같이 볼 수 있는 곳에 붙이거나 친구들끼리 주고받아보세요.

우리 함께 연극 만들기

연극을 만들 준비 단계가 끝났다면 이제는 본격적으로 연극을 만들어볼 차례예요. 일종의 실전이라고 할까요? 지금까지 아무리 철저하게 준비를 했다고 해도 실제로 연극을 만들다보면 돌발 상황이 많이 생길 수 있어요. 연극을 만드는 과정은 그야말로 창작, 살아 있는 생물체와 같으니까요. 아기가 잠자리, 먹거리 그리고 사랑을 받아야 크듯이 우리의 연극도 여러 가지를 제공해주어야 해요. 무엇보다 연극에 참여한 사람들 각자가 맡은 역할을 잊지 않고, 부딪힘이 없을 수 없는 순간순간의 갈등과 곤란을 이겨내야 해요. 그럼 이제 연극을 만들어봐요.

연극 만들기 1단계: 극본 창작하기 (6조각 이야기 만들기)

평화 연극을 만드는 첫 단계는 우리 공연의 바탕이 될 극본을 만드는 것이에요. 영화, 드라마도 마찬가지이지만 극본은 연극에서 기초 공사가 되는 아주 중요한 작업이에요. 어떤 소재와 주제로 어떤 이야기를 어떻게 펼쳐갈지 극본으로 잘 표현해야 해요. 그럼 구체적으로 극본 만들기 단계를 이야기할게요.

주제 정하기

여러분 사이에서 실제로 일어났던 일을 주제로 정하거나 앞의 준비 운동 중 하나를 시작점으로 이야기를 만들어도 좋아요. 다만, 연극 만드는 데 참여한 누구나 공감할 수 있는 내용이어야 해요. 〈승자 없는 게임〉 연극을 진행했던 학생들은 다음과 같은 주제를 정했어요.

· 졸업을 앞둔 3학년 선배들이 1, 2학년 후배들에게 '가해자도 피해자도 없는 평화로운 학교를 만들자'는 주제의 공연을 보여주자는 것으로 의견을 모았다.
· 1부와 2부로 나누어 1부는 20분간 정극 형식의 연극 공연을 하

고, 2부는 15분간 관객과의 토크 형태로 사회자가 진행하는 형식으로 정했다.

∴ '6조각 이야기 만들기'로 이야기 씨앗 만들기

또 '이야기 만들기' 기법을 활용할 수도 있어요. 여기서는 '6조각 이야기 만들기' 방법을 소개할게요. 6조각 이야기 만들기(6psm, 6part story making)는 정신분석학자 라하드(M. Lahad)가 이야기 치료를 목적으로 개발했어요. 6개의 작은 조각 그림을 통해서 우리의 내면을 살펴볼 수 있어요. 그래서 연극 치료나 미술 치료에서도 많이 활용하는 방법이에요. 자기 이야기의 핵심을 덩어리들로 만들 수 있어서 내면을 들여다보는 데 아주 유용해요. 이 6조각 이야기 만들기를 활용해서 평화극의 극본을 만들어봐요.

6조각 이야기 만들기

라하드의 6psm(6part story making)이란?
1) 6개의 작은 조각 그림을 그려서 내담자의 내면을 살펴볼 수 있는 기법
2) 연극 치료, 미술 치료에서 종종 활용되는 방법
3) 이것을 활용하여 이야기의 줄거리를 요약하거나, 소설이나 희곡의 줄거리를 만들 수 있다.

준비 작업

A4 종이를 6등분하세요(각 칸에 다음과 같이 번호를 붙여주세요).

1	2	3
4	5	6

다음의 6단계마다 지시 사항을 잘 듣고 그림이나 글로 나타내보세요.
한 단계당 3분의 시간을 드리겠습니다.

1. 주인공

주인공을 그리거나 묘사해보세요.

> 1
> 걸그룹을 좋아하는
> 초5 여자아이들이
> 카톡에서 대화한다.

2. 주인공의 목표

주인공이 이야기 속에서 바라는 것이나 최종
목표는 무엇입니까?

> 2
> 아이는 걸그룹 멤버가 되는
> 꿈을 키운다. 친구들과는 늘
> 걸그룹 이야기를 한다.

3. 주인공을 방해하는 것

주인공의 목표 이루기에 방해가 되는 요소는 무엇입니까?
모든 일의 장애가 되는 것은 사람일 수도, 상황일 수도, 그 외 무엇일 수도 있습니다.

> 3
> 친구들과 카톡 중
> 두 그룹으로 나뉘어
> 서로 다른 걸그룹 이야기에
> 늘 투닥거린다.

4. 주인공을 도와주는 것

목표에 방해가 되는 요소 때문에 힘겨워하는 주인공을 도와주는 요소는 무엇입니까? 사람, 상황, 물건, 사건 모두 괜찮습니다.

> 4
> 부모는 아이의 꿈을 존중해
> 주고 댄스학원 등을 보내고
> 응원해준다.

5. 이 이야기의 절정

주인공이 목표를 이뤄가는 과정, 방해도 겪고 도움도 받는 전 과정을 통틀어 가장 결정적인 장면은 무엇일까요?

> 5
> 카톡에서 상대편 걸그룹을
> 욕한다며 싸우다 왕따를
> 당한다.
> 아이는 울고 엄마에게
> 카톡상 대화를 이야기한다.
> 엄마는 카톡 내용을 근거로
> 학폭위를 열고자 한다.

6. 이야기의 결말

이 이야기의 결말은 무엇입니까? 주인공의 입장에 따라 해피엔딩, 새드엔딩이 될 수 있고 별다른 뚜렷한 결말 없이 오픈 엔딩으로 처리할 수도 있습니다.

> 6
> 아이들과 엄마들이 모여
> 이야기를 통해 서로의
> 다름을 인정하며 다시
> 친해진다.

· 각자 A4 용지를 6등분한다.

· 각 칸에 1~6까지 번호를 붙인다.

· 순서에 맞게 안내한 내용을 간단한 그림이나 글로 나타낸다.

　① 주인공 ② 목표 ③ 방해 ④ 지원 ⑤ 절정 ⑥ 결말

　피라미드 토론으로 우리의 이야기 씨앗을 누구의 6조각 이야기로 할지 정해요. 처음엔 짝끼리, 그다음엔 모둠에서 이야기를 나누고, 그중에 하나의 이야기를 선정해요. 모둠별 대표 이야기는 칠판 등에 메모하면서 최종 결정을 이어나가면 돼요. 이야기 씨앗이 결정되면 이제 그 씨앗을 뼈대삼아 살을 붙이듯이 이야기를 만들어요. 선정되지 않은 이야기 중에서도 괜찮은 부분을 살려서 넣으면 좋겠죠? 다음 페이지에 친구가 직접 만든 6조각 이야기도 참고해보세요.

∴ 캐릭터(인물) 만들기

이야기 씨앗의 주인공과 주요 인물의 생김새, 성격, 특징, 가정환경이나 성장 배경 등을 깊이 있게 논의해요. 칠판이나 전지에 사람 실루엣을 그리고, 세부 항목을 채워가듯이 적어도 좋아요. 예를 들어 이야기 씨앗을 만들 때 '중3 학교폭력 피해자 여자아이'가 주인공이라면 좋아하는 아이돌, 엄마와 아빠는 공부 잘하는 언니한테 애정을 집중하고 있다는 설정, 중학교 2학년 때까지 잘 지내던 친구가 오히려 자신을 따돌리는 주동자임을 알게 된 충격 등, 하나씩 정해가다 보면 이야기가 풍성하게 채워질 거예요.

한 중학교에서 만든 〈승자 없는 게임〉의 캐릭터 설정이에요. 친구들이 만든 6조각 이야기를 바탕으로 구성한 것이에요.

가해자: 2학년, 남중, 170cm. 한부모 가정. 초등학교 5학년 때 아빠를 본 뒤로 아빠를 그리워함. 유복하지만 정서적 지원을 받지 못함. 여사친은 많음. 담배 핌. 패션에 관심 많음. 돈이 있으면서 돈을 빌리고 안 갚음. 초등학교 선배 형들을 많이 앎. 외동. 두 얼굴의 성향.

피해자: 165cm, 성적 하위, 평범한 외모. 피해를 입은 이후에 모자를 쓰고 다님. 피해 사실을 말하지 못함. 의욕이 상실되어 성

적이 떨어짐. 고3 누나가 있음.

이야기 단락 나누기

주제, 이야기, 등장인물이 정해졌다면 이제는 이야기의 얼개를 정하기 위한 이야기 단락 나누기를 해야 해요. 이야기의 기승전결에 맞추어 이야기 단락을 나누어보는 거예요. 〈승자 없는 게임〉을 진행했던 친구들은 아래와 같은 토론 과정을 거쳐서 결론을 끌어냈어요.

·첫 번째 장면은 교실로 해요. 교실에서 폭력이 일어나는 신으로.
·실제와 비슷하게 하면 어떨까?
·놀리는 것? 종이 말아 던지는 것? 지우개 조각 던지는 것?
·그렇다면 학교폭력의 장면은 학교에서 일어날 법한 일상적인 폭력의 모습을 표현하자. 예를 들어, 수업 시간에 가해자 그룹이 교실에서 힘을 과시하는 행동 등을 표현해보자.
·가해자 그룹과 피해자 외에도 방관자를 표현하자. 방관자가 있어서 폭력을 해결할 수 없다는 메시지를 주자. 선생님들은 아이들 사이에 숨겨진 폭력이 수면 위로 드러날 때까지 심각성을 모른다는 것을 보여주자. 가해자도 강해 보이려는 연기를 할 뿐, 진정한 친구를 바란다는 것을 보여주자. 같이 어울리는 친

구와의 관계가 진정한 우정이 아닐 수도 있다는 것을 보여주자.

이렇게 가장 기본이 되는 시간적 공간적인 설정, 극의 장면에 대해서 서로 이야기를 나누어나가는 과정은 교육 연극*의 과정 드라마**를 활용한 것이기도 해요. 과정 드라마는 보통 다음의 순서로 진행한다면 무리가 없을 거예요.

하나. 이 이야기가 주로 전개될 공간(장소)을 정해요. 장소는 이야기의 전개에 맞게 4개나 5개면 좋아요. 예를 들어 학교폭력 예방 창작극에서는 교실, 학교 주차장, 분식집, 피해 학생 집

• 교육 연극(Educational Drama)은 말 그대로 교육을 위해 활용되는 연극이다. 연극은 예술의 한 분야이지만, 교육 상황에 끌고 들어오면 교육 연극이 된다. 다만 주종이 바뀌는 것뿐이다. 교육 연극은 교육이 주된 목적이 되고 연극은 교육을 위한 도구로서의 기능을 지닌다.

•• 과정 드라마(Process Drama)는 함께 만들어가는 과정을 중시(O'Neill, 1995)하는 교육 연극 방법으로 관객을 위한 공연이 아닌 참여자들이 주인의식을 가지고 참여하는 의미 구성의 과정(유지영, 황정현, 2012)이라고 할 수 있다. 즉흥적인 활동을 통해 참여자와 교사가 함께 만들어가기에 이미 쓰인 대본이나 시나리오는 존재하지 않는다.

등이 주요 장소가 될 수 있어요.

둘. 공간이 정해지면 제본 테이프 등으로 바닥에 공간을 구획해요.

셋. 그 공간에 있을 법한 물건을 이면지나 색종이 뒷면에 한 종이에 하나씩 그려서 적당하게 배치해요. 장면에 몰입하고 집중하게 되는 효과도 있고, 나중에 공연을 위한 실제 무대 꾸미기에도 도움이 되는 작업이에요. 필요하면 그 공간의 '어떤 것'이 되어 짧은 인터뷰 영상을 남기듯이 이야기를 해도 역시 몰입에 큰 도움이 되죠.

넷. 처음에 정한 이야기 씨앗을 바탕으로 '그 공간에서 일어날 일'을 정지 장면으로 표현해봐요. 정지 장면을 선보이다가 다른 장면 친구들의 '액션!' 신호와 함께 10초 내지 20초 정도 움직임 연기를 해요.

이렇게 즉흥적인 과정 드라마를 펼쳐가다 보면 이야기 씨앗이 점점 구체적이 되어 윤곽이 잡혀갈 거예요. 과정 드라마의 즉흥성은 장면 속 이야기에 참여자가 몰입하면서 친숙한 삶의 표현으로 여기게 도와주죠.

⋮ 시 쓰기로 살 붙이기

다음으로 이야기에 살 붙이기 작업을 하기 위해 각 캐릭터가 꼭 하고 싶은 이야기를 시로 써봐도 좋아요. 일반적인 글쓰기보다 시 쓰기가 유용한 이유는 희곡이 다른 문학 장르보다 압축적인 대사로 의미를 전달하는 형식적 특징을 가졌기 때문이에요. 시 쓰기로 이야기에 살을 붙여 구체화해나가요. 그럼 이야기가 보다 풍성해질 거예요.

만약 시 쓰기가 막막하다면 먼저 어떤 키워드의 주제로 시를 쓸지를 정해요. 그러니까 학교폭력이 키워드라면 '학교폭력은 누구의 잘못인가?' '가해자는 왜 그랬을까?', 공부가 키워드라면 '공부를 재미있게 하려면 어떻게 해야 할까?' '공부는 꼭 해야 하는 것일까?' '공부가 제일 쉬웠어요' 등으로요. 그러면 주제가 그대로 제목이 되기도 하고, 이 주제를 바탕으로 다른 제목을 붙여서 시를 써도 돼요. 공부를 예로 든다면 주제로 잡았던 '공부를 재미있게 하려면 어떻게 해야 할까?'가 제목이 될 수도 있지만, '공부의 재미' '나에게 공부는 무엇인가?' 같은 나와 공부의 연관 관계, 공부에 재미를 붙이기 위한 의미 찾기 등으로 제목을 붙여보는 거예요.

시는 최소한 10행이 넘어가게 하고, 더 길게 풀어쓰면 좋아요. 또 하나! 내가 직접 보거나 겪은 이야기를 쓰면 울림이 더욱 커요. 이게 바로 사실주의, 리얼리즘이에요. 무엇보다 큰 분류를 잘 이해하고 성급한 결론을 내리려고 하지 않는 게 좋아요. 그 주제에 대해 느끼는 바를 솔직하게 가감 없이 쓰면 되는 것이죠. '나는 진짜 화해해본 적이 없다' 이런 시도 좋아요.

앞에서 이야기했던 또래 상담반에서는 상담 선생님이 먼저 매개 시를 제시해주었어요. 매개 시는 8연 정도로 '○○중 아이들, 폭력, 목격, 진실, 화해' 등의 주제가 모두 들어가게 했어요. 마지막 연에는 선생님이 이 캠페인을 준비하면서 느낀 심정을 솔직하게 담았어요. 우리 같이 볼까요?

○○중학교 또래 상담 동아리와 함께 나누고픈 이야기

동료 선생들 나에게 얘기한다
○○중 애들 거칠고 힘들대, 조심해

만나보니 밝고 활기차다
정이 많고 붙임성 있게 다가온다
하지만 해가 갈수록 보이지 않던
그늘이 보인다

무서운 선배들이 돈을 모아간다
무서운 선배가 두렵지만
무서운 선배와 친하다는 건 자랑이다

얌전하면 남에게 무시당한다
얌전하던 아이가 자기를 무시하던 그 아이들을
닮아가려 노력했다
피해자로 사느니 가해자로 살겠다

승자로 살던 아이도 거꾸러져
패자가 되어 떨어진다
패자가 되고 싶지 않으려면
다른 아이를 누르고 따돌려야 한다
이 게임은 언제 끝날까?

어제의 친구가 오늘의 적이 되었다
친구와 나눈 비밀이야기들
적을 공격하는 무기가 되어 돌아왔다
서로를 나쁜 애로 만들기 위한 전쟁
소문이 곧 평판이 되고

내 편이 많아야 유리하다

진실 같은 건 중요치 않다

우정의 관계에서 쌓았던 마음은

모두 사라진 걸까?

사실 서로에게 못다 한 말이 있지 않을까?

왜 우리가 이렇게까지 되었지, 후회하지 않을까?

네가 그렇게까지 나쁜 애가 아니라는 거 아는데,

싸우다 보니 그렇게 됐다고

사실 미안하다고 말하고 싶지 않을까?

사실 손 내밀고 싶지 않을까?

엄마가 미워요 아빠가 미워요

선생님이 뭘 알아요 신경끄세요

소용돌이치며 변하는 아이들을 바라보며

나까지 어지러웠다

무슨 말을 해야 할까

잘못 디디면 추락하는 외줄 위에 서 있는 것 같다

뭐라도 해보자 평화로운 학교, 만들어 보자

평화로운 학교, 만들 수 있다

아이들을 만나고 말을 건넨다

함께 고민할 수 있는

친구를 동지를 찾아다닌다

호수에 작은 돌멩이 하나 던져 보려고

힘을 내서 아이들을 만난다

같이 한 번 해보자 고맙다

우리들의 이야기 만들어 보자

우리만의 연극 만들어 보자

부끄러움과 어색함 덜고 용기를 꺼내자

작은 이야기 속 진심을 담고

작은 몸짓 속 희망을 담자

연극으로 평화로운 학교 꿈꿔보자

또는 아래와 같이 지금 자신의 마음을 나타내는 말로 시작
해도 좋아요.

잘 봐

내 생각인데요

정신 차리자

오늘 문득 마음이

말씀드릴게요

자, 이야기를 모두 정했다면 이제 대본 쓰기로 넘어가요. 대망의 대본 쓰기! 참 설레는 작업이죠.

⋮ 대사와 지문˚ 작성하기 및 대표 집필

이 작업에서는 앞에서 만든 과정 드라마를 바탕으로 그 장면에서 나올 법한 대사를 가능하면 많이 적어봐요. 그리고 적은 것을 모둠 친구들과 섞어서 대화처럼 보이게 큰 종이에 배치해요. 이때 더 필요한 말이 있으면 추가해요. 이렇게 대화가 모이면 모둠별 대표 집필자가 잘 이어서 그 장면의 대본을 완

- 대사와 지문은 희곡의 3요소 중 하나다. 나머지 하나는 해설이다.
- 해설: 희곡의 첫머리 부분으로 막이 오르기 전후에 필요한 무대 장치, 인물, 배경(시간적, 공간적) 등을 설명하는 글이다.
- 지문: 배경, 효과, 조명, 등장인물의 행동, 표정, 심리 등을 지시하고 설명하는 글로 '바탕글'이라고도 하며 현재형으로 쓴다.
- 대사: 등장인물이 하는 말로 모든 극적인 주제와 사건은 대사를 바탕으로 이루어진다.

성해요.

작성된 대본이 자연스럽게 이어지는지, 뒤 장면을 위해 깔리는 앞 장면의 암시와 복선이 살아 있는지 점검해요. 중간중간에 한 번 읽어보면 돼요. 어색한 부분이 있으면 입말로 해보는 과정에서 드러나게 마련이거든요. 그리고 암시와 복선은 초보 창작에서는 사물을 매개로 하면 좋아요. 앞 장면에서 연필이 부러진 장면이 있었으면, 맨 뒤의 장면에서 주인공이 주머니에서 그 연필을 꺼낸다던지 하면 자연스럽게 이어질 거예요. 이런 물건을 매개로 한 복선이 뒷부분에 나타나면 연극의 완성도가 더욱 높아지겠죠.

친구들과 대본을 완성해가는 과정이 쉽지는 않겠지만, 준비운동 단계부터 함께 이야기를 하면서 작업을 하다보면 우리가 이런 말들을 할 수 있구나 하고 스스로 감탄하게 될 거예요.

김경태: (담담하지만 비장한 어조로 시를 낭송하듯이) 내가 1학년 때 창수와 대철이를 만났다. 창수가 대철이를 때려서 대철이 몸에 멍이 들었다. 평소에 창수와 대철이는 눈누난나 친했지만, 창수는 힘이 세고 대철이는 힘이 약했다. 창수는 대철이를 장난으로 한 대씩 때렸다. 대철이 몸에 멍이 든 걸 부모님이 봤다. 대철이 부모님은 학폭위

를 열려고 했으나 대철이가 학폭위는 절대 싫다고 하여 결국 학폭위는 열리지 않았다. (갑자기 말 건네듯이) 그런데 말이야, 나는 이 사건에 대해 대철이가 정말 안됐다고 생각해. 오히려 창수가 제대로 벌을 받아야지! (주장하는 버전으로) 이러한 폭력을 없애려면 폭력에 대한 처벌을 강화해야 되지 않을까? (궁금해하는 표정으로 창수를 바라보며) 근데 창수 네 속마음은 뭐냐?

송창수: 나는 우리 반이 평화롭다고 생각해. 폭력? 그런 거 없어. 완전 신나고 재미있게 잘 지내는데, 뭐. 하하. 우리 반엔 폭력이 없다구. (그러면서 대철이 등을 향해 샌드백 치는 모션을 한다) 나는 우리 반에 폭력이 없다고 생각합니다.

김경태: (혀를 차고 도리질을 하며) 평화의 의미를 잘못 알고 있는 게 아닐까? 폭력이 뭔지 모르는 게 아닐까?

박대철: (창수한테 맞은 부분을 쓰다듬으며) 평화적으로 살아야 하지만, 그러지 못하는 날도 많아. 평화적으로 해결하려고 해도 안 될 때가 많아. 난 평화 때문에 맞고도 참았고, 싸움으로 발전하는 게 싫어서 그냥 아무 말도 안 했어. 그렇다면 평화적인 게 좋은 것만은 아닌 거잖아? 화낼 땐 화낼 수 있어야 하고, 친구가 때릴 때 맞고만 있지 말아야 해.

오유찬: (갑자기 등장해서) 창수는 친구에게 다가가는 법을 모르는 것 같아. 친구에게 장난치는 것이 친해지는 방법이라고 생각하는 거겠지. 난 그래서 창수가 싫어. 이렇게 외면하고 비난하면 되는 거지. 그런데 창수는 오히려 비난을 관심이라 생각하는 것 같아. 그래서 살아남기 위해 대철이를 괴롭히고 때리는 걸까?

김경태: 너도 똑같이 나빠. 아니, 더 나빠.

피해 학생의 몸에 시퍼렇게 멍이 들어도 가해 학생은 '친해서, 장난으로'라는 말을 반복하면서 폭력 불감증을 그대로 드러내고 있어요. 이 대본은 실제로 반에서 있었던 일을 털어놓으면서 이야기를 만들어간 것인데요. 대본 쓰기에 참여한 친구들은 '장난'이란 말로 칭하던 것이 당하는 사람에게는 씻을 수 없는(비록 멍 자국이야 희미해지겠지만) 상처임을 이번에 알게 되었다고 해요.

위의 모든 과정을 참고해서 우리만의 이야기를 대본으로 완성해봐요. 그럼 그릇된 폭력의 표현들이 관계를 채우도록 내버려두지 않는, 바른 평화극의 사례가 될 거예요.

덧붙이면 참여자의 연극 대본은 여러 가지 고려 사항을 구체적으로 표현하는 것이 좋아요. 조명, 배경 디자인, 음향, 음악 등 기술적 요소들도 함께 토론하고 결정하는 것이 스태프에게만 맡겨버리는 것보다 훨씬 좋은 결과를 가져오죠. 연기와 연습의 진행이 이뤄지면 처음으로 오프닝 때 무대에 등장하는 방법, 대사 치는 방법, 움직임의 기본 원리, 연기력을 다듬기 위한 기초 훈련을 실시해요. 총연출은 선생님이나 관련 전문가에게 부탁하더라도 적어도 조연출이나 드라마투르기(dramaturgie, 희곡이나 연극의 각본을 구성하고 연출하는 방법 및 기술, 또는 그 일을 하는 사람)는 학생들이 직접 하는 게 좋아요.

연극 만들기 2단계: 캐스팅과 연기 연습

캐스팅(casting)

누가 무슨 역할을 할지 정하는 거예요. 배역 캐스팅에는 여러 가지 방법이 있어요. 투표하듯이 1지망, 2지망, 3지망을 받아서 정할 수도 있고, 오디션을 볼 수도 있어요. 자기가 하고 싶은 것을 해야 잘하는 경우가 많고, 또 자신은 몰라도 다른 사람이 보기에 딱 그 역할의 적임자인 경우도 있죠. 다음은 〈승자 없는 게임〉의 캐스팅 예시입니다.

〈승자 없는 게임〉 등장인물

주인공: 우박, 영수

패거리: 태철, 철민, 영운

방관자: 동민, 찬규

선생님: 학교 스포츠 선생님, 담임 선생님, 학생부장

총 10명

드라이 리딩(dryreading)

극의 전체 흐름을 파악하고 캐스팅의 동기를 마련하기 위해 함께 대본을 읽는 작업이에요. 앉은 순서에 따라 별다른 연기 테크닉 없이 (하지만 실감 나게 읽으면 더 좋겠죠) '대사만' 순서대로 읽는 거예요. 배역도 정하지 않고 이끔이가 해설이나 지문을 읽고, 별다른 감정을 섞을 필요가 없다는 뜻에서 '건조한(dry)' 이란 수식어를 붙여요. 이 과정에서 연극의 보완할 점을 새롭게 발견해 극본을 수정하기도 해요.

이모션 리딩(emotionreading)

감정을 넣어서 읽는 감정 리딩이에요. 모두의 역할을 정했다면 감정을 한껏 불어넣어 실감 나게 낭독해보는 거죠. 인물에 대한 이해와 공감이 높을수록 리딩이 좋아지고, 자신의 연기가 좋을수록 상대의 연기도 살아난다는 걸 알 수 있어요. 작품 속 인물의 욕망과 감정을 느끼면서 읽고, 어색한 대사가 있다면 입에 달라붙도록 수정해서 연습해요.

리딩이지만 상대 배우와 시선을 교환할 수도 있어요. 이때 단어 강조하기('어제 학교에 갔어'에서 장소가 중요하다면 '학교'를 제일 크게 말한다든지)나 끊어 읽기(어제/학교에/갔어/) 등을 활용하여 또박또박, 조금 느리다 싶을 정도로 읽는 게 좋아요. 무대에 올라가면 긴장해서 말이 저절로 빨라지는 경향이 있기 때문에 연습할 때는 다소 느리다는 느낌으로 해요.

여러 번 읽다 보면 속도가 빨라지거나 평소 습관대로 정확하지 않은 발음이 나와 전달력이 떨어질 때도 있어요. 이럴 때는 대사의 전달력을 높일 수 있게 발음을 정확하게 하고 리딩 속도를 조절해야 해요. 감정을 살려 읽는 연습을 반복해서 진행해봐요.

연기 연습

우선은 대사를 입에 잘 붙도록 외워요. 혹은 외울 때까지 몇 번이고 입 밖으로 소리 내어 연습해요. 혼자서 연습할 때에는 상대 배우의 대사를 미리 알고 상대가 있는 것처럼 연습해야 실제 함께 연습할 때 실수를 줄일 수 있어요. 대사를 완벽하게 외워야 상대방이 하는 연기에 걸맞은 반응 연기(reaction)를 할 수 있죠.

상대 배우와 실제로 호흡을 맞출 때는 상대방이 하는 말을 잘 듣고, 자신이 대사를 하지 않는 동안에도 알맞은 자세를 취하고 있어야 해요. 상대방이 이별 통보를 하는 연인 역할이라면 '놀랍고 서글픈 표정'이 얼굴 전체에 드러나게 해야겠죠. 무대에서는 TV나 영화에서보다 조금 더 과장되게 연기해야 관객에게 메시지를 잘 전달할 수가 있어요. 시선 처리도 중요해요. '상대 배우와 짧고 강렬하게 눈을 맞추며 대화하고 있다'는 지문이 있으면 대부분의 대사는 관객 쪽으로 시선을 두고 하는 것이 좋아요.

보통 처음 연습을 하는 사람은 공통적으로 다음 네 가지 현상을 보이는 경향이 있어요. 주의해야 해요.

첫 번째는 우물거리지 말고 입 모양을 크게 벌리고, 큰 소리로 대사 연습을 해야 해요. 조금은 과장되게 보여도 좋아요.

두 번째는 무대 한편에 쏠리듯이 서 있기보다는 몇 사람의 배우가 등장하더라도 무대를 고르게 사용하는 게 좋아요. 입장과 퇴장, 서로 마주 보았다가 떨어지는 액션 합 맞추기 등 동선도 고려해야 하죠. 동선은 무대를 임의로 나누어 아래와 같이 위치를 기호(신호)로 약속하는 것도 좋은 방법이에요.

3A	3B	3C	3D
2A	2B	2C	2D
1A	1B	1C	1D

세 번째는 관객에게 등을 보여서는 안 돼요. 배우는 무대에 입장하거나 연기하고 퇴장할 때 등을 절대 보여서는 안 돼요. 무대에서는 나란히 서기보다는 45도 부채꼴 모양으로 서는 게 좋고, 퇴장할 때도 뒷걸음질해서 무대 뒤로 들어가야 해요.

네 번째는 무대에서의 신체 움직임에 주의해야 해요. 특히 손을 조심해야 하는데요, 대사를 하면서 손동작을 하게 되면 무대가 굉장히 어수선해 보여요. 관객은 무대를 보는 게 아니라 배우의 손동작에 시선이 가요. 시선 처리는 관객이 봐줬으면 하는 곳으로 주시해야 관객도 그곳으로 시선을 향하게 돼요.

연극 만들기 3단계: 무대 준비 및 리허설, 그리고 공연

이제 연극 만들기의 최종 점검 단계예요. 공연의 완성은 무대 위 배우의 연기만으로는 부족해요. 공연이 심심하지 않도록 여러 무대 장치가 필요하죠.

무대, 무대 장치, 그리고 홍보

일단 공연 장소를 정해야 해요. 무대는 극장의 구조를 감안하고, 연출이 원하는 무대 스타일, 그리고 작품에서 요구하는 스타일을 절충해 디자인하면 좋아요. 학생 연극은 큰돈을 들여서 무대를 설치할 수는 없지만, 간단하게 책상, 파티션, 큐브 등을 이용해 만들 수 있어요. 배우들의 동선은 물론 조명과 관객도 고려해야 해요.

조명은 사실 학교에서 공연할 때 가장 엉성한 요소예요. 그냥 단순한 암전(불을 완전히 껐다가 켜는 막간 신호)만 해야 할 수도 있고, 플래시로 엉성한 집중 조명을 해야 할 때도 있어요. 만약 조명 장치가 설비된 무대라면 조명의 위치, 색깔, 밝기 등을 조작하는 조명 엔지니어링을 맡은 사람이 숙달되도록 미리 연습을 해두어야 해요.

다음은 음악이에요. 실제 연극에서는 오로지 공연만을 위해 음악을 작곡하기도 하지만, 우리는 장면에 잘 어울리는 배경음악이나 효과음을 주로 사용해요. 조회 전이라면 교실에서 왁자지껄 떠드는 소리, 시간의 흐름을 나타내는 학교 종소리, 긴장감이 느껴져야 하는 장면에서는 영화 〈매트릭스〉 음악을 쓰는 것 등이죠. 음악을 담당한 사람은 평소 음악을 많이 듣고, 분위기에 어울리는 음악을 고르면 좋겠죠. 연극의 효과음은 인터넷에서 '효과음'을 검색하면 몇몇 사이트가 떠요. 배경음악과 효과음을 골랐으면 이걸 음향 담당 스태프가 공연 중 알맞은 때에 틀면 돼요. 조명과 음향 등은 앞서 본 큐시트(cue sheet)⁕를 미리 작성해서 공연에 차질이 없도록 해야 해요.

그리고 홍보가 중요해요. 우리가 정성스럽게 만든 연극을 보다 많은 관객이 보고 공감하는 것이 필요하니까요. 포스터를 만들어서 붙이고(이럴 때 협동 작업으로 하면 진짜 재미나고 좋아요), 이 친구 저 친구한테 입소문도 내고, 티켓을 만들어서 나눠주면 관객의 숫자를 미리 예상할 수도 있어요.

⁘ 소품과 분장 준비

극의 성격에 맞는 간단한 소품이나 분장은 관객들이 극에 몰입하는 데 중요한 역할을 해요. 처음에는 분장을 쑥스러워하는 경우가 많으나 배우의 표정이 관객에게 잘 보이도록 하기

⁕ 프로그램의 시작에서 종료까지 무엇을 어떤 타이밍에 할 것인가를 일정한 형식에 따라 기입하는 진행표를 말한다. 큐시트는 보통 연출자나 기록자가 기입하고 각 역할을 맡은 사람에게 넘기면 그에 맞게 진행하게 된다.

위해서는 파운데이션 베이스, 눈 화장, 입술 그리기는 꼭 해야
할 수도 있어요. 나이와 역할이 실제의 나와 차이가 많이 난다
면 색조 화장품을 활용해 얼굴에 분장을 해야 해요. 아울러 역
할에 맞는 복장을 하면 당연히 좋고요. 회사원인데 교복을 입
는다든가, 꼬마아이인데 하이힐을 신으면 이상하겠죠?

소품은 적당히, 그 공간이 어디인지 알릴 수 있으면 돼요. 카
페를 연출하고 싶으면 간단한 찻잔 세트와 탁자, 카페 이름을
쓴 푯말 등을 배치해요. 소품은 옮기기 쉽고 장면별로 바로바
로 투입되도록 번호를 붙여서 준비하는 것이 좋아요.

기초 리허설(dry rehearsal)

아무런 무대 장치나 의상이나 분장을 하지 않고 오로지 대
사 연기만 하는 거예요. 배우들이 액션-리액션의 합을 맞추고,
동선을 체크하는 연습이죠. 이때 서툴더라도 혹은 실수가 있더
라도 도중에 끊지 않고 런스루(run-through, 멈추지 않고 끝까지 진
행하는 일)를 자주 해보는 것이 좋아요. 그렇게 하면 보다 매끄
럽게 본공연을 진행할 수 있어요.

드레스 리허설(dress rehearsal)

실제 무대에서 쓰일 소품과 의상을 다 갖추고 하는 연기 연

습이에요. 이때 분장하는 데 시간이 얼마나 걸릴지, 소품은 누가 어떤 방식으로 갖다 놓을지 등을 체크하고 정해야 해요. 다음 장면의 배우가 들고 나왔다 들어갈 수도 있고, 소품만 담당하는 스태프가 할 수도 있어요. 정확한 타이밍에 맞춰 진행해야 하므로 드레스 리허설 때 어색하거나 지체되는 부분이 있으면 보완해야 해요.

총 리허설(technical rehearsal)

위의 드레스 리허설에 음향과 조명 설비, 기술까지 합을 맞추어 진행하는 리허설을 말해요. 배우의 동선에 따라 어떤 조명을 어디에 쏘아야 할지, 배우의 대사 타이밍과 소리는 어떻게 맞춰야 할지, 배우의 목소리를 음향 효과가 가리지는 않는지 등을 신경 써야 해요. 그래서 테크니컬 리허설을 총연습(total rehearsal)이라고 부르기도 해요.

안내(오프닝), 공연, 커튼콜

준비를 완벽하게 해서 공연을 하면 좋겠지만 그렇지 못한 경우가 많아요. 그렇다고 하더라도 지나치게 긴장하지 말고 자신감을 갖고 무대에 올라야 해요. 오프닝에서 어떻게 하면 자신감 있게 우리 극의 첫머리를 열지 활달하게 움직이려고 노력하면서 자연스럽게 긴장을 풀면 좋겠죠?

오프닝 전에 스태프나 연기자 중 한 명이 나와서 공연을 보러 와준 관객에게 감사 인사를 전하고, 관람 에티켓을 안내하는 것이 좋아요. 보통은 다음과 같은 멘트를 해요. 일종의 바람잡이와 같은 것이죠.

자, 이제 연극이 시작됩니다.
모두 휴대전화를 꺼주시고, 잡담은 삼가주세요.

그리고 연극을 기대하게 하는 다음과 같은 멘트도 하면 좋아요.

이번 공연은 특히 주옥같은 대사가 아름다운 연극인 만큼, 배우들의 연기에 집중해주시면 감사하겠습니다.

이번 무대를 위해서 무대 소품들을 특별 주문 제작했습니다. 소품들이 모두 안이 텅 비어 있는 철제로만 되어 있는데 인상적이에요. 모두 기대해주세요.

다음은 학교 연극 〈승자 없는 게임〉에서 출연자들이 실제로 한 멘트예요.

· 오늘 여러분은 3학년 선배들이 준비한 연극 한 편을 감상하실 건데요. 제목이 뭐죠?
· 연극을 열심히 보시면 딱 떠오르는 선생님이 있을 겁니다. 아무튼 여러분의 내년 학교생활을 좀더 평화롭게 하기 위해 열심히 준비했으니 집중해서 봐주세요.
· 자, 지금부터 3학년 배우들이 오랜 시간 후배들을 위해 준비한 평화 연극 〈승자 없는 게임〉을 시작하도록 하겠습니다.

마침내 극이 시작되면 무대에 제대로 서서 관객과 마주하고 있다는 사실만으로도 자부심을 가지고 열심히 임하면 돼요. 만약 대사를 잊었거나 여러 가지 사소한 실수가 있더라도 당황하지 말고 생각나는 부분을 이어서 자연스럽게 해요. 여러분의 진심이 담긴 공연이기에 프로 공연이 아니어도 친구들이 보러 와준 것이고, 여러분은 진짜 예술을 하는 청소년 예술가이니까요.

공연을 다 마치면 커튼콜이라는 특별한 작별 인사를 해요. 비중이 적은 배우부터 주인공에 이르는 순서로 무대에 다시 등장해서 본인 캐릭터에 맞는 정지 동작이나 커튼콜 배경음악(대체로 흥겨운 음악)에 맞춰 간단한 몸동작을 합니다. 뒤에 수록 된 〈승자 없는 게임〉처럼 T.I.E.(Theatre in Education, 교육 연극) 작품이어서 후속 활동이 있는 경우, 커튼콜 후에 관객들에게 공연 평을 잠시 직접 들어봐도 좋아요. 대개의 아동청소년극의 경우에 무대에 오른 배우들은 아쉬운 점이 있다고 하더라도 '세상에 하나뿐인 현실감 돋는 이야기', 그리고 여러분의 무대를 책임지려는 자세 자체가 감동이기 때문에 공연이 끝난 후 련함을 걱정 없이 즐겨도 됩니다.

평가 단계

공연이 끝났다고 해서 모든 과정이 끝난 것은 아니에요. 공연의 전 과정을 돌아보면서 함께 그 성과와 아쉬움을 나누는 자리를 꼭 마련해야 해요. 소감 말하기나 소감문 쓰기 등을 할 수도 있고, 연극 장면들을 사진으로 찍어둔 것이 있으면 사진전을 열 수도 있어요. 이왕이면 공연을 녹화해두었다가 함께 보면서 즐거운 추억을 소환해도 좋을 거예요. 이때 쑥스러운 기분을 앞세워 서툰 자신의 연기나 친구들의 실수를 '흑역사'로 여기지 말 것. 앞에서도 언급했듯이 연극은 우리가 안전하게 세상을 배우기 위한 연습 과정이니까요.

다음은 〈승자 없는 게임〉이라는 연극에 참여했던 친구들의 생생한 목소리예요. 이 학교에서는 공연의 열기가 채 식지 않은 날에 뒤풀이를 하는 게 의미 있을 것 같아 공연이 끝나고 모두 모여서 소감을 이야기했어요.

- 연극을 준비하면서 이런저런 일로 다투기도 했고, 리허설을 하면서도 문제가 많았어요. 그런데 공연이 잘 되어서 홀가분하고, 무엇보다 의미 있는 일을 한 것 같아 기분이 좋았어요.
- 좋은 경험이었지만 굉장히 힘들었습니다. 그래도 끝까지 함께 해서 좋았어요.
- 연극 포스터를 보기는 했지만 봉사 시간 공짜로 준다고 해서 들어왔어요.
- 동아리 시간만 되면 무서웠어요. 오늘은 박사님(연극 선생님)한테 무슨 소리를 들을까 싶어서요.
- 동아리 활동을 많이 해봤는데 인원이 이렇게 많은 동아리는 처음이에요. 처음에는 친한 친구가 많지 않아서 좀 그랬는데 하다보니까 다 친해지고 좋았어요. 연극할 때 마이크에 문제가 있었지만 전달이 잘 된 것 같아 의미 있었어요.
- 우리 동아리의 장점은 의미 있는 활동! 단점은 모이면 시간이 오래 걸리고 힘들고 귀찮다는 것. 그래도 다 같이 열심히 의미

있는 활동을 한 것 같아요. 우리 모두 박수!

·간식 많이 준다고 해서 들어왔는데 처음에 초코파이 세 번 주고 끝이었어요. 저는 봉사 시간이 필요 없었고 모이는 것도 귀찮았지만 의미 있는 일이라서 계속했어요.

·모두 안 친하고 색깔도 각기 다르고 연극의 연 자도 몰랐던 우리가 '평화'라는 의미 있는 활동을 해보겠다고 의기투합해서 좋았어요. 친구들이 모두 자랑스러웠어요. 이 자리에서 미안했다는 말도 고맙다는 말도 나와서 좋았어요. 후배들에게 좋은 선물을 준 것 같아 어깨 펴고 졸업해도 되겠어요. 박수!

연극 만들기의 실제: 〈승자 없는 게임〉

발표 형식과 발표 장소 정하기

• 축제 때 연극을 하려면 한 공간, 전교생이 보는 곳에서 해야 하는데, 그렇게 하면 집중력이 떨어질 수 있다. 따라서 12월 기말고사를 마친 후 강당에서 1학년 1반~5반까지 1회 공연, 6반~10반까지 2회 공연, 2학년 1반~5반까지 3회 공연, 6반

~10반까지 4회 공연을 하기로 했다. 대본을 확정하고 나서 공연의 제목을 〈승자 없는 게임〉으로 정했다.

배우 캐스팅과 제작진 선정하기

• 등장인물들을 나열한 다음 3지망까지 희망자를 받았다. 희망자가 연기를 해야 더 적극적인 연습이 가능하기 때문이다. 등장인물은 주인공인 우박과 영수/패거리인 태철, 철민, 영운/방관자인 동민, 찬규/선생님인 학교 스포츠 선생님, 담임 선생님, 학생부장 등 10명이다.

• 제작팀과 조연 중 4명의 학생을 사회자로 정하여 1부 〈승자 없는 게임〉을 시작하기 전에 관객에게 극에 대해 간단하게 안내를 하고 공연 시 지켜야 할 예절을 부탁하기로 했다. 공연을 마친 후에 사회자들은 다시 등장하여 2부 '관객과의 대화'를 진행한다.

• 연출은 교사가 맡았고, 제작팀으로 음향, 영상, 조명, 홍보, 소품, 분장, 기록 담당을 정했다.

• 작가팀은 대본 작업을 계속 진행한다.

• 연출은 주요 동선을 결정, 정리한다.

• 기록은 동선과 연기, 음향, 조명 등의 수정 사항을 빠짐없이 기록하여 다음 공연 연습 때 반영하도록 한다.

- 음향 스태프는 극적 연출이 가능하도록 필요한 음향을 준비하고 배우들의 마이크를 점검한다.
- 조명 스태프는 장면의 분위기 연출, 방백과 독백일 때 특정 인물에 초점을 맞추도록 준비한다.
- 홍보 스태프는 포스터와 리플렛을 제작하고 2부 순서가 시작되었을 때 관객들의 호응을 유도한다.
- 영상 스태프는 연극 장면에서 특정 장소를 표현하기 위해 영사막을 내려 극 중 장면이 어느 장소에서 이루어지는지를 관객이 알 수 있도록 준비한다. 장소에 대한 사진 작업과 빔 프로젝터 작동을 포함한다.
- 분장과 소품 스태프는 배우들의 연기를 돕고 관객들에게 실제감을 주기 위해 필요한 분장과 소품을 준비한다. 조명에 가려 분장이 잘 보이지 않으니 강한 분장일수록 좋다. (예: 학생 부장 역할은 다크서클, 가해자 우박과 패거리 역할은 눈꼬리가 진하게 올라가도록 분장한다.)
- 공연일로부터 20차시 이상을 확보하기 위해 동아리 학생들은 일정표에 따라 만날 시간을 정했다. 공연 날짜가 정해지니 긴장하는 모습이 역력했다. 방과 후 모임이 어려운 날에는 등교 시간 30분 전에 만나 연습을 강행했다.

연극 연습 일정 정하기

회차	날짜(시간)	내용	비고
1		일정 공유, 연극 스토리보드	
2		대본 완성, 캐스팅, 무대 설계 역할에 따른 역할표 작성	연극 과정 노트 (지도교사, 연출)
3		발음 및 발성 연습, 대본 리딩	
4		감정 넣어 대본 리딩	
5		대본 들고 전체 흐름 그리기	분장, 소품 리스트업
6		대본 암기 완료 세밀한 동작 연습	큐시트 (음향, 슬라이드, 조명)
7		장면별로 세밀한 연기 연습	홍보 시작
8		장면별로 세밀한 연기 연습	
9		전체 연습(음향), 연기 연습	공연 장소
10		전체 연습	
11		전체 연습	
12		드레스 리허설	공연 장소, 준비 시간 체크
13		연습	
14		최종 리허설 및 점검	장비, 무대 체크
15		연극 공연	시청각실
16		공연 평가 및 소감 발표회	간식

대본 읽기

• 발음 및 발성 연습, 드라이 리딩을 한 뒤 감정을 넣어 이모션 리딩을 한다. 인물의 욕망과 감정을 이해하면서 어색한 대사는 입에 달라붙도록 수정하여 연습한다. 배우들이 인물에 대한 이해가 깊고 공감할수록 이모션 리딩이 좋아진다.

대본 들고 전체 흐름 그리기

• 장면별로 전체적인 동선을 익히고 자신의 동선을 정한다. 동선에 따라 대본을 들고 상대 배우들과 무대에서 동선을 맞춘다. 연출자는 동선이 겹치지 않도록 배우들의 움직임을 정해주고 무대 전체를 효율적으로 사용할 수 있도록 순서와 위치를 잡아준다.

• 2부 '관객과의 대화'의 대본은 사회자팀이 따로 모여 관객에게 던질 질문 3~4개를 뽑는다. 질문자의 순서를 정하고 관객들의 질문에 어떻게 응답할지, 관객의 호응을 높이기 위해 어떤 말을 할지 정한다. 발언한 학생들에게 줄 평화의 문구가 쓰여 있는 실리콘 팔찌, 문구류 등을 준비한다. 사회자팀은 다음과 같이 2부 대본의 얼개를 완성한다.

  - 주인공 이름을 맞히는 질문으로 분위기를 환기한다.

  - 주인공에게 하고 싶은 말을 종이에 쓰고 비행기를 접어 날

린다.

- 사회자가 종이 비행기 한 개를 골라 내용을 읽어주고 선물을 준다.
- 종이 비행기에 쓴 내용에 공감한 만큼 박수를 유도한다.
- 본격적인 질문에 들어간다. '우박이는 지금 어디에 있을까요?' '영수는 그 이후 학교생활을 어떻게 했을까요?' 등.

대본 암기와 세밀한 동작 연습

• 배우들 각자가 자신이 맡은 배역의 대사를 외워오는 것은 물론 동작도 미리 연습해와야 한다. 설령 대사가 없더라도 엉거주춤 서 있는 것이 아니라 관객에게 전달될 수 있는 동작을 준비하여 움직임을 보여주어야 극이 살아난다.

가해자 우박이 퇴장하다가 멈추어 뒤를 돌아보며 피해자 영수를 째리며, "잊지 말고 가져와라"라고 하는 장면을 묘사할 때 패거리는 뒤에서 발로 걷어차는 시늉을 한다든지, 우박의 행동에 동조하는 대사를 하면서 서로 어깨동무를 한다든지 하는 등 무대 위의 배우들은 각자의 동작을 준비한다.

배우들은 무대에서 자연스러운 움직임을 찾아나가면서 무대에 적응한다. 전체적인 무대를 구상하는 연출자가 무대 위 배우 모두가 각자의 동작을 하도록 지시하여 유기적인 연출이

가능하도록 한다. 이 모든 것을 기록 담당 스태프가 기록하여
다음 단계의 연습에 반영되도록 한다.

스태프 전략회의

전체 연습을 위해 스태프 전략회의를 했다. 대략적인 회의 내용
은 다음과 같다.

〈승자 없는 게임〉 스태프 회의

	음향	영상	소품	조명
#0 괴롭히기 시작한 이유	드르륵 문 여는 소리		책가방 (영수)	
#1 아침 조회 전, 교실 안	① 8시 30분 종소리 ② 왁자지껄 음악 　(이때 패거리 등 　장) ③ 〈매트릭스〉 음악	교실 안	① 휴대전화 2대 　(패거리) ② 바닥에 종이 　떨어뜨려놓거나 　구긴 종이 3개	암전
#2 학교 스포츠 시간, 학교 주차장	① 종소리 ② 아주 경쾌한 음악 ③ 운동장 체육시간 　소리	주차장 영상	① 호루라기 ② 배드민턴 채 　(동민, 찬규) ③ 후드티(패거리) ④ 체육복 상의 ⑤ 스파이더 티 　(학스샘) ⑥ 텅 빈 지갑 　(영수) ⑦ 가짜 지폐	옆 커튼 닫고 조명 끄고 어두워졌을 때 '따라와' 한 뒤 '주차장 영상' 켜짐

#3 한낮, 학폭대책 위원회실 앞	터벅터벅 바라 소리	타자기 소리 +자막	책상 1개, 의자 1 개(학생부장)	
#4 한낮, 학교 교실, 복도	① 웅성대며 떠드는 소리 ② 복도에서 뛰어가는 소리	가면 깨지는 영상 +자막	지갑(우박)	
#5 한낮, 학교 주차장		주차장 영상 (위의 것)		cut out 후 암전
#6 선생님들의 대화				
#7 저녁, 영수 집	카톡	카톡 편 지 영상	휴대전화(영수)	
무대 인사	경쾌한 음악 (〈강남 스타일〉)			

전체 연습(런스루)과 드레스 리허설

• 입장 음악(〈Hey Now〉 – Red Garland)과 함께 사회자가 등장하여
공연과 관객의 자세에 대해 안내한다. 암전 후 배우들이 의자
를 가지고 미리 정해놓은 위치에 배열한다. 장면 #1 교실을
나타내는 스크린이 내려오고 조명이 들어오면 배우들이 연
기를 시작한다. 마지막 장면까지 연기를 마친 후 배우들은 모

두 퇴장한다.

커튼콜 음악(《강남 스타일》)이 나오면 선생님 역할의 세 배우가 등장해 인사하고 방관자 역할의 동민과 찬규가 인사하고 패거리 역할의 세 배우가 인사하고 마지막으로 두 주인공이 개성을 살려 인사를 하는 장면까지가 런스루의 영역이다.

배우들의 연기가 어색하더라도 전체 연습(런스루)을 이어가고 연출자는 어떤 부분을 수정하고 보완할지 확인하여 전체 연습 후 의견을 말한다. 이것을 보완하면서 전체 연습을 반복한다. 또한 배우들의 연기 외에 장면에 따른 암전과 조명의 배열, 음향이 정확히 이루어지는지 확인한다.

최종 리허설과 연극 공연

- 연극은 1회 2교시, 2회 3교시에 진행하고 한 타임 쉬고 점심식사 후 5교시와 6교시에 3, 4회 공연을 진행했다. 관객들의 집중을 위해 5반씩 나누어 진행했지만 배우들에게는 체력적으로 너무 힘든 과정이었다.
- 연극이 가진 현장성은 교양이 부족한 관객도 몰두하게 했다. 18분의 러닝타임 동안 관크의 자세를 가진 관객은 보이지 않았다. 커튼콜 과정에서 선배 배우들을 응원하는 박수가 쏟아졌다. 1부에 대한 피드백은 2부 관객과의 대화에서 곧바로 나

타났다. 폭력이 있는 교실에서 1년을 보냈던 학생도, 피해자 경험이 있던 학생도 적극적으로 손을 들어 질의에 응답하거나 다른 의견을 내며 〈승자 없는 게임〉의 주제 의식에 다가가는 모습이었다.

• 그러나 하루에 4회 공연은 무리였다. 1회 공연은 긴장했지만 2회 공연은 최고의 연기를 보여주었고 3, 4회로 갈수록 긴장감이 다소 떨어졌다. 긴장감이 떨어지면서 동작이 크게 나오지 않고 대사를 읊는 속도도 빨라졌다.

공연 평가와 소감 발표회

• 1년간 평화공작소라는 동아리를 하면서 1학기에는 학교폭력에 대한 전반적인 교양을 배우고, 2학기에는 평화극 준비를 위한 활동을 했다. 연극을 목적으로 한 동아리는 아니었지만 우여곡절 끝에 평화극을 무대에 올리게 되었다. 교사도 학생도 처음 연극에 도전하면서 갈등과 어려움이 있었지만 모두 힘을 합쳐 '의미 있는 일'을 해냈다. 무사히 연극을 마치고 우리는 서로에게 감사의 박수를 보냈다.

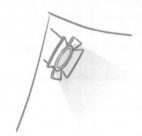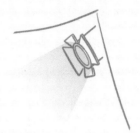

부록

꼭 보면 좋을 인생 연극 10선

안티고네 (소포클레스 지음)

'오이디푸스 콤플렉스'로 유명한 오이디푸스와 그의 어머니 이오카스테 사이에서 태어난 안티고네를 주인공으로 한 작품입니다. 아버지를 죽이고 그의 아내 이오카스테와 결혼한 오이디푸스는 나중에 그녀가 자신의 어머니라는 걸 알고 스스로 눈을 찔러 멀게 합니다. 처참한 자신에 대한 응징으로 막을 내리는 〈오이티푸스〉도 볼 만한 고전 연극 중의 하나입니다. 하지만 〈오이티푸스〉는 '신의 예언'에 종속되어 주체적인 인간이 되지 못하는 안타까운 '패배자 인생 각본'을 보여줍니다. 그래서 다른 시각을 제시하는 그의 딸을 주인공으로 하는 〈안티고네〉를 첫 번째 인생 연극으로 소개합니다.

안티고네는 여동생 이스메네와 함께 아버지의 길 안내자가 되어, 그가 테베에서 추방되어 아테네 근처에서 죽을 때까지 동행합니다. 효성스러운 고행을 마치고 테베로 다시 돌아온 안티고네와 여동생은 왕위를 놓고 싸우는 두 남자 형제 에테오클레스와 폴리네이케스를 화해시키려고 노력합니다. 하지만 에테오클레스는 테베와 왕관을 지키려 했고 폴리네이케스는 테베를 공격했는데, 결국 그들은 모두 죽고 삼촌인 크레온이 왕이 되죠. 크레온은 에테오클레스의 장례식은 성대히 치렀지만, 폴리네이케스는 반역자임을 선포합니다. 이윽고 그의 시체를 들에 내다버려 짐승의 밥이 되게 했고, 이를 거역하는 사람은 사형에 처한다고 포고합니다.

그러나 안티고네는 폴리네이케스를 사랑했고 크레온의 명령이 옳지 않다고 확신했기에 그의 시체를 몰래 매장하고 맙니다. 화가 난 크레온은 안티고네에게 처형령을 내리고 지하 감옥에 가둡니다. 안티고네는 거기서 목을 매어 자살합니다. 이런 일이 있은 뒤에 그녀의 애인이자 크레온의 아들인 하이몬도 스스로 목숨을 끊었고, 크레온의 아내 에우리디케도 자해하여 크레온은 파멸에 이르게 됩니다.

〈오이디푸스〉와 다를 바 없는 비극적 결말에도 〈안티고네〉에는 주인공의 비장하고 결기에 찬 부르짖음이 가득합니다. 권력을 쥔 자의 '고무줄' 법치주의를 비판하기도 하고, 불의한 타협보다는 정의로운 희생을 감당하려고 하죠. 안티고네의 대사와 행보는 희곡을 읽거나 연극을 관람한 사람들에게 치열한 논쟁점을 던져주기도 합니다. 실제로 사회가 불안정하고 독재 정치가 횡행하는 때에 이 연극은 안티고네의 입으로 시민(민중)의 입장을, 크레온의 뻔뻔함을 통해 독재의 부당성을 논하는 비유극으로 많이 번안되고 회자됩니다.

무덤이여, 신방(新房)이여, 동굴 속의 영원한 감옥이여, 내 가족들, 돌아가신 그분들, 어느 누구보다도 비참하게 내 명을 다 살지 못하고 그곳으로 갑니다. 그러나 내가 가면 아버님이 반기시고 어머님이 기뻐하시며 오빠가 반가워하리라는 즐거운 희망을 품고 있어요. 난 하늘의 무슨 법을 어겼습니까? 경건한 일을 하다가 경건치 못하다는 말을 들었건만 어째서 불쌍한 이 몸은 신들께 의지해야 합니까? 난 누구에게 도움을 청해야 합니까? 내게 판결을 내린 사람에게 죄가 있다면 내게 한 부당한 것과 똑같은 화를 그들도 겪게 되기를 바랍니다. 아, 저런! 그런 말로 죽음을 재촉하고 있군요. 오, 테베의 조상들의 나라여! 오, 우리 가문의 조상이신 신들이여! 저들이 지금 당장 저를 어떻게 끌고 가나 보세요. 왕의 마지막 남은 딸이, 하늘을 저버리지 않고 두려워했기 때문에 누구한테서 어떤 일을 당하는지 잘 봐두세요.

개구리 (아리스토파네스 지음)

기원전 405년에 연극 경연에서 우승을 차지한 이 작품은 최초의 문학 비평이라고도 할 수 있습니다. 아리스토파네스는 비극 작가들의 시가 아테네의 젊은이들을 타락하게 하고 나라를 사랑하는 마음을 약하게 만들며 도처에서 부도덕을 키운다고 생각했습니다. 그는 예술과 모든 문화의 궁극적 목적은 교육에 있음을 강조했습니다. 이후 이 사상은 대철학자 플라톤의 공화국과 법률에서 큰 진전을 이룹니다.

그는 정치가, 웅변가, 소피스트들과는 달리 민중의 사상과 생활에 영향력을 끼치는 존재는 오직 시인이라고 강조했습니다. 시인의 역할은 교사이며 현명한 상담자라고 대비했습니다. 요즘 말로 하면 지식을 일방적으로 전달하기만 하는 교사를 전자, 학생들과 서로 소통하는 교사를 후자라고 할 수 있겠죠. 무려 기원전에 이러한 소통을 강조했던 그를 생각하면 대단하다고 여기지 않을 수 없습니다. 그는 어른(시민)을 진정으로 가르칠 수 있는 사람은 '시인'뿐이라고 여겼습니다. 연극을 넘어서 사회에서도 시인의 존재감이 크게 작동한 시대는 흔치 않았습니다.

술과 연극을 주관하는 신(神) 디오니소스는 그의 종 크산티아스와 함께 아테네를 구할 시인을 찾으러 지옥으로 갑니다. 그는 헤라클레스로 변장을 하고 지옥에 나타나 여러 가지 곤경도 겪지만, 그곳에서 최고의 의자를 서로 차지하려는 두 시인 아이스킬로스와 에우리피데스의 경쟁에 심판관으로 추대됩니다.

아이스킬로스는 50년 전에 죽은 시인으로서 마라톤 전투에서 싸우기도 했으며, 메마르고 낡은 고전주의의 고수자로, 줄

거리를 천천히 전개하며 무겁고 장엄한 언어를 쓰는 작가였어요. 그 자신이 전장의 각박함을 견뎌보았기에 완고하고 순수했습니다. 반면에 에우리피데스는 현대적 감각의 시적 형식을 창조해낸 시인입니다. 그는 도덕과 종교 등 각종 현상이나 사물에 새롭고 신선한 방법으로 접근하여 큰 인기를 얻었으며, 특히 수사학의 교묘한 사용법 등으로 주목을 받았습니다. 물론 이 두 시인은 풍자와 해학의 대가 아리스토파네스가 작심하고 비평하고자 했던 실존 시인들이었죠.

극 중 토론이 진행될수록 우리는 진정한 지혜는 말을 똑똑하게 하는 것이 아니라 용기와 정의와 중용과 완전성 같은 도덕적 요소와 연관되어 있음을 알게 됩니다. 아테네는 이와 같은 구식 미덕이 더 필요하며 현명하고 선한 충고를 해줄 사람은 바로 아이스킬로스와 같은 시인이라고 판단하여 디오니소스는 그를 승자로 결정합니다. 그리하여 아이스킬로스는 디오니소스와 함께 이 세상으로 다시 돌아오는 밝은 낮으로의 여행길에 오릅니다. 당시 아테네는 연이은 전쟁으로 인해 침체되어 있었는데, 아리스토파네스는 이 작품으로 조국을 응원하고 예술의 도덕성을 더한층 강화하고자 했습니다.

우리나라에서 국립극단이 이 작품을 번안했을 때, 우여곡절 끝에 시인의 왕좌를 차지한 작고 시인으로 고(故) 신동엽 시인을 추대했습니다. 예술지상주의 시각으로 그려내는 현란한 말마디로 큰 인기를 얻는 베스트셀러 시인보다 고생 많이 하고 당대에 부침을 많이 겪었지만 세상사를 통찰하고 그것을 힘 있는 어조로 읊었던 참여 시인에게 연극적 칭송을 보냈던 것입니다.

───)X(• **경연 중 아이스킬로스의 대사** •)X(───

두루 알다시피, 그 모든 게 시인들에게 맡겨진 임무 아닌가. 아테네가 시인들에게 얼마나 큰 빚을 지고 있는지 살펴보시라. 먼저, 오르페우스님은 우리에게 제의의 법도를 가르치셨고 인간 제물을 금하셨노라. 무사이오스님은 질병의 치료와 신탁을 해석하셨고, 헤시오도스님은 땅을 경작하는 법과 씨 뿌릴 때와 추수철을 알려주시지 않았는가! 신과 같은 호머님은 어떠하셨는가. 우리 병사들에게 용맹과 명예 그리고 병법을 가르쳐 그 큰 영광을 입으신 분 아닌가.

인형의 집(헨리크 입센 지음)

'노라'라는 여성이 아내와 어머니라는 역할에서 벗어나 자아를 찾아나가는 모습을 그린 희곡입니다. 고정관념, 편견 등으로 억압의 굴레를 벗지 못하고 있는 여성의 입장을 당시로서는 파격적으로 그려내고 있는데, 두 세기 후인 지금도 '현 시대의 노라들'이 있기에 꾸준히 공연되는 작품이죠. 이 사실은 고대 왕국이 건설되어 계급 사회로 진입하면서 시작된 오랜 여성 억압의 역사가 아직 끝나지 않았음을 반증하는 것이기에 '꼭 봐야 할 연극'으로 추천하는 입장이 다소 씁

쓸합니다.

입센의 대표작으로 평가되는 이 희곡은 1879년 코펜하겐 왕립 극장에서 처음 공연되면서부터 사회적으로 큰 반향을 불러일으켰다고 해요. 주인공 노라는 근대적인 자의식을 가진 새로운 여성상의 대명사가 되었지만, 극 중반에 이를 때까지도 가부장적 제도와 굴레에 그저 순종하는 '귀여운 여인'의 이미지로 그려집니다.

노라는 남편 헬메르의 치료를 위해서 남편 몰래 죽은 아버지의 서명을 위조하여 고리대금업자인 크로그스타드에게 돈을 빌립니다. 그런데 당시에는 남편의 허락 없이 여성이 돈을 빌리는 것 자체가 위법이었습니다. 지금 생각하면 너무나 비합리적인 제도이지만, 그때 당시에는 이것이 이 연극의 거대한 플롯을 제공하는 틀거리가 될 정도로 강력한 사회적 규제 장면이었던 거죠.

건강을 되찾은 헬메르가 은행장이 되고 은행의 감사로 있던 크로그스타드를 해고하려 하자, 크로그스타드는 차용 증서에 서명을 위조한 사실을 폭로하겠다며 노라를 위협합니다. 이 사실을 알게 된 헬메르는 자신의 명예가 실추될까 봐 노라를 맹비난하는데요, 애원하는 노

라를 야멸차게 대하는 그에게서 일말의 부부의 정이라고는 찾아볼 수 없습니다. 노라는 친구의 도움으로 겨우겨우 문제를 해결하고, 헬메르는 언제 그랬느냐는 듯이 노라를 대합니다. 그러나 노라는 이제 예전의 그녀가 아닙니다. 헬메르에게 아내이며 어머니이기 이전에 한 인간으로 살겠다고 당당하게 선언하며 집을 나갑니다. '인형'이 아닌 '인간'이 되기로 한 노라의 뒷모습은 언제 봐도 박수를 치지 않을 수 없는 명장면입니다.

———— ꘎)X(꘎ 노라가 집을 떠나며 하는 대사 ꘎)X(꘎ ————

당신이 제 일생을 건 남자라니, 믿을 수가 없군요. 당신은 생각하는 거나 말하는 게 그때 그 사람이 아니에요. 당신은 공포가 사라지고 이 모든 것이 지나가니까 마치 아무 일도 없었던 것처럼 여기시는 것 같은데 당신의 두려움 때문에 내가 겁에 질린 것은 아니에요. 당신에게 일어난 일들 때문에 난 겁에 질렸던 건데 당신은 두려움이 사라지자마자 모든 걸 괜찮다고 느꼈던 모양이죠? 전과 똑같이 나는 당신의 종달새 인형이죠. 깨지기 쉽고 부서지기 쉽다고 당신은 날 더욱더 부드럽게 다룰 거예요. 이런 생각이 날 스쳐 지나갈 때였어요. 난 지난 8년 동안 전혀 모르는 사람과 살았고 그 알 수 없는 인간의 아이를 셋이나 낳았다는 사실이 떠올랐어요. 견딜 수가 없더군요. 나 자신을 갈기갈기 찢고 싶었어요.

우리 읍내(손턴 와일더 지음)

이 작품의 1막은 지극히 평범한 우리 읍내의 일상을, 2막은 조지와 에밀리의 사랑과 결혼을 그리고 있습니다. 그러는 동안 시간이 지나면서 팔팔했던 젊은이들은 조금씩 늙고 쇠약해집니다. 3막은 또다시 9년이 흐른 후인 1913년 읍내의 모습으로 파격적인 변화를 보여줍니다. 1막과 2막에서 깊은 인상을 준 사람들이 죽기도 하고, 마차는 줄고 자동차가 늘어나는 등 보다 현대화된 읍내의 모습입니다. 특히 이제 밤에도 무시로 마실을 갈 수 있었던 예전의 이웃이 아닌 것이 가장 큰 변화죠. 밤이면 각자의 집 문을 꼭꼭 걸어 잠그게 된 읍내는 사뭇 괴괴합니다. 이렇듯 '현대화'라는 이름으로 세련되긴 했으나 다소 쓸쓸한 읍내가 그려지면 (특히 도시의) 관객들은 '언제부터 우리는 외로워졌을까'라는 내적 독백을 되뇌게 되죠.

　　　　　　　　　3막의 무대 배경은 공동묘지인데, 이곳에서 죽은 깁스 부인, 사이먼 스팀슨, 조 크로웰 등이 이야기를 나눕니다. 아이를 낳다가 죽은 에밀리도 나타나는데, 정작 에밀리는 자신의 죽음을 실감하지 못한 채 무대감독에게 부탁하여 자신의 열두 번째 생일날로 잠시 동안 돌아갑니다. 과거로 돌아간 에밀리는 3인칭의 관점에서 가족들을 바라보고, 그녀의 어머니가 바빠서 일상에 대한 소중함을 깨닫지 못하는 것에 대하여 안타까워합니다. 저승에서 이승의 일상이 얼마나 소중했는지를 깨닫고, 살아 있는 것에 대한 소중함을 모르는 사람들을 안타까워하며 다시 저승으로 돌아오게 되는 에밀리의 모습은 사실 현대를 살아가는 우리 모두의 비애일 수도 있습니다.

이 연극은 '문명' '현대화'라는 이름이 파괴할 수도 있는 인간성에 대해 그리고 있습니다. 기술 진보에 발 빠르게 적응하거나 패피(패션 피플)처럼 '핫'하고 '힙'한 친구들이 존경스러운 우리 세태를 되돌아보게도 합니다. 편리함과 유익성을 추구하는 것 자체가 나쁘지는 않지만 서로 간의 진정한 교류나 공동체의 미덕을 잃게 되는 원인이 된다면 다시 한번 생각해봐야 하는 대목이겠죠.

—— ⦁)〉〈⦁⦁ 웹 부인이 잠깐 환생한 에밀리의 결혼식 직전에 하는 대사 ⦁)〉〈⦁ ——

왜 눈물이 날까요? 울 일도 아닌데. 아침을 먹다 터졌답니다. 우리 애도 같이 먹는데, 불쑥 17년 동안 먹던 아침도 이젠 다른 집서 먹겠구나 하는 생각이 들더군요. 그래서 그랬나봐요. 근데 걔가 갑자기 '더 못 먹겠어요' 하더니 식탁에 머릴 떨구고 울지 않겠어요. (자기 자리 쪽으로 가려다가 다시 돌아서서 덧붙인다.) 정말이지, 딸을 이런 식으로 시집보내는 건 너무 가혹해요. 친구들이 몇 가지 알려줬겠지만, 제가 뭘 어떻게 하겠어요. 저도 장님처럼 시작한걸요. (다소 우습게 화를 내며) 세상이 다 틀려먹었어요. 아유, 벌써 오네.

세일즈맨의 죽음(아서 밀러 지음)

주인공 윌리 로먼은 63세의 늙은 세일즈맨입니다. 그는 남들에게 호감을 주며 열심히 일하면 언젠가 세일즈맨으로 성공해 자기 사업체도 갖고 전화 하나로 전국적인 거래를 할 수 있게 될 것이라고 믿었습니다. '아메리칸 드림'을 꿈꾸었던 거죠. 모든 사람들이 자유와 행복을 추구할 권리를 가지고 있으며, 따라서 마음먹고 실천하면 무한히 성공할 거라는 다소 맹목적인 믿음을 가진 것입니다. 온갖 성공신화, 그에 대한 처방전 격인 '자기계발서'에 나올 법한 말을 그래서 그는 거듭 합니다.

그에게는 가정적이고 착한 아내 린다가 있고, 대출을 받긴 했지만 집 한 채도 샀습니다. 몇십 년만 지나면 온전히 집을 소유할 수 있습니다. 여기서 부동산 담보 대출을 통해서만 평범한 샐러리맨이 자기 집을 가지게 되는 우리 사회 구조도 보입니다. 게다가 미래의 희망을 걸 수 있는 두 아들까지 있습니다. 얼핏 보기에 그는 완벽한 그리고 성공한 미국인입니다. 항상 밝은 웃음과 희망으로 가득 찬 가정이 계속되리라 믿어 의심치 않아도 되었죠.

하지만 로먼의 이런 꿈은 나이가 들면서 점점 무너져갑니다. 세일즈맨이 받는 수당은 점점 줄어들고, 30년 이상 근무한 회사에서 느닷없이 정리해고가 됩니다. 더구나 희망을 걸었던 아들들도 잘못된 길로 빠집니다. 그는 폭력적인 아버지, 폭군 남
편이 되어버립니다. 기대를 배신당한 슬
픔과 피로, 늙은 육체에서 오는 절망감,
잃어버린 인생에 대한 회한은 그를 광
기로 몰고 간 것입니다. 그러다가 마지
막에 그는 난폭 운전을 자처하여 스스로 생명을 끊는데요, 그의 죽음
으로 나온 보험금은 집값의 마지막 대출금을 갚을 만한 액수에 지나
지 않습니다.

겉으로는 물질적 궁핍이 사람들과의 관계마저 단절한 것 같지만,
'물질주의'로 드러나는 성공 신화가 공동체와 따뜻한 교류를 얼마나
파괴하는지를 적나라하게 보여준다고 할 수 있습니다. 돈, 성적, 성
공 등의 외적 기준의 맹목적 추구가 과연 우리를 어디로 몰고 갈 것
인지를 곰곰이 생각해보게 합니다.

—— ·)◦(· 아버지 윌리의 장례를 마친 후 작은아들 해피 로먼의 대사 ·)◦(· ——

좋아요. 난 형이나 다른 사람들에게 아버지가 허무하게 돌아가시지
않았다는 걸 보여줄 테야. 아버진 훌륭한 꿈을 간직하셨어. 우리가 지
닐 수 있는 유일한 꿈이지. 뛰어난 인물이 될 수 있는 꿈 말이야. 아버
진 여기서 그것을 위해서 싸우셨거든. 그러니까 아버지가 이루지 못
하신 걸 내가 대신 해보겠다는 거야. 바로 여기서 말이야.

수전노 (몰리에르 지음)

프랑스 작가 몰리에르의 극작품으로 두 남매 클레앙트와 엘리즈가 돈밖에 모르는 아버지 아르파공에 저항하여 자신들의 사랑을 이뤄나가는 과정을 그리고 있습니다. 맹목적인 부의 추구가 얼마나 어리석고 우스꽝스러운지를 보여주는 연극이죠. 한마디로 물질만능주의 사회를 코믹하게 풍자한 작품이라고 할 수 있습니다. 시대 비판적인 이 연극은 당시 유럽에서 점차 권력을 늘려가고 있던 부르주아를 드러내 보여주기도 합니다. '서민성이 발랄하게 약동한다'라는 평을 받는 그의 희곡은 그야말로 서민들의 정서를 생생하고도 사실적으로 표현하고 있습니다.

한편 이 연극은 연극사적으로도 한 획을 긋는 남다른 형식미를 자랑합니다. 바로 운문형 대사(diction)가 아닌 산문으로 된 5막 희극이

라는 점이죠. 팔레 루아얄 극장에서 초연되었을 때 관객들은 기존의 부드러운 운문 형식이 아닌 이 연극에 크게 당황했다고 합니다.

고대 로마의 작가 프로토스의 〈올류레르〉에서 줄거리를 따

왔으며 욕심 많은 영감 아르파공의 캐릭터로 재창조되었습니다. 돈 문제를 다룬 프랑스의 발자크와 졸라에 이어 첨예한 문체로 그려낸 희곡으로 우리나라에서는 극단 '신협'이 해방 후 처음 무대에 올렸습니다. 지금도 '희곡 고전'의 하나로 꼽히며 세계 각국에서 끊이지 않고 리메이크되고 있습니다.

─── •)X(• **돈이 없어진 걸 안 아르파공의 대사** •)X(• ───

도둑이야, 도둑! 저런 죽일 놈! 이런 변이 있나? 이젠 난 죽었구나! 누가 내 돈을 훔쳐갔단 말이냐! 누구냐? 어디로 도망을 갔느냐? 어디 숨었어? 어찌하면 그 돈을 찾을 수 있을까? 어느 쪽으로 가야 되지? 여기도 없고, 저기도 없잖아? 섰거라! 내 돈을 내놔! 이 고얀 놈아! 아! 나로구나. 얼이 빠져서 내가 어디 있는지, 내가 누군지, 뭘 하고 있는지도 모르겠군. 아! 내 불쌍한 돈아! 제일 소중한 내 벗아! 어떤 놈이 널 내게서 빼앗아갔구나. 네가 없어지니 난 슬프기 한이 없다. 이젠 모든 게 다 끝나버렸어. 난 더 이상 살 수가 없어. 죽어버릴 테다. 아니야, 벌써 죽어서 묻혀버린 거야. 내 돈을 훔쳐간 놈을 찾아주거나 내가 제일 아끼는 돈을 찾아서 날 살려줄 사람이 하나도 없단 말인가? 응? 뭐라고 했지? 아무도 아니군. 그런 짓을 한 놈이 누구든 간에 내가 아들놈과 얘기할 동안 바로 그 시간을 틈탄 게 분명해. 나가 봐. 난 경찰서에 가서 집안사람들을 조사해봐야겠어. 하녀들이나 종놈들, 아들딸과 나 자신에게도 마찬가지야.

한국 사람들 (미셸 비나베르 지음)

　조금은 생소할지 모르지만 우리가 미처 못 느끼는 외부 사람들이 바라보는 한국에 대해 한 번쯤 생각해보게 하는 작품입니다. 한국전쟁을 배경으로 한 이 작품은 2차 대전 막바지에 프랑스군에서 복무한 경험이 있는 작가 미셸 비나베르가 썼습니다. 그는 한국전쟁이 '역사상 가장 잔인하고 부조리한 전쟁으로 느껴졌기 때문에 작품으로 한번 써보고 싶은 생각이 들었다'고 밝히고 있습니다.

　이 작품은 한국전쟁에 참여한 프랑스 정찰병들의 이야기입니다. 정찰 중 부상을 당한 주인공은 남쪽과 북쪽이 번갈아 점령하는 지역에 낙오하고 맙니다. 절체절명의 위기 상황이라고 할 수 있겠죠. 연극은 그런 긴박한 전쟁 분위기를 통해 시종일관 긴장의 끈을 늦추지 않습니다. 그런 와중에 전쟁의 비극 속에서도 인간애를 잊지 않고 살

아가는 한국인의 모습과 부상당한 프랑스군을 정성스레 간호하여 생명을 구하는 장면을 통해 한국적 '정(情)'을 강조합니다.

한국전 종전 3년 후인 1956년에 완성, 프랑스 갈리마르 출판사에서 출간된 이후 〈한국 사람들〉은 프랑스에서 초연 뒤 스위스, 독일 등에서 여러 차례 공연되며 큰 화제를 모았습니다. 주목할 점은 좌우 이데올로기 어느 한쪽에 쏠림 없이 침략에 대항하는 남한 입장과 해방의 명목으로 싸우는 북한 입장을 냉철하게 바라보고 있다는 점입니다. 세계는 이미 냉전의 종식과 더불어 사회적 민주주의를 제도화하고 있는 유럽, 자본주의를 최대한 활용하여 자국의 이익을 추구하고자 하는 변질된 공산주의 등 전혀 다른 이슈로 공론을 벌이고 있는데 정작 한반도에는 뿌리 깊은 냉전의 잔재로 인하여 평화와 민족 통일이 요원하기만 합니다. 이 작품은 그런 의미에서도 우리에게 깊은 울림을 준다고 할 수 있습니다.

──── ·)◇(· 기사회생한 벨레르의 대사 ·)◇(· ────

제가 끼어들어도 될지 모르겠지만 여러분의 기쁨이 제게도 전염되는 모양입니다. 내일 무슨 일이 일어날지 모르지만, 오늘 나는 여러분께 말씀드리고 싶은 게 있습니다. 전쟁이 끝날 때까지 여기 머물고 싶다는 겁니다. 그리고 전쟁이 끝나고 나서도 계속 있고 싶습니다. 아니면 제 고국에 혼자서, 아니 여러분 중의 한 분과 함께 돌아가고 싶고, 그리고 또…….

지하철 1호선 (김민기 번안)

〈지하철 1호선〉은 1994년 초연된 이후 15년간 4,000회가 공연되며 70만 명이 넘는 관객들을 만난 대한민국 공연계의 대표작입니다. 독일 '그립스(GRIPS) 극단'의 창립자인 폴커 루트비히의 〈Linie 1〉이 원작입니다. 이를 극단 학전의 대표이자 연출가인 김민기가 한국적인 시각에서 새롭게 번안, 각색하였는데, 초연 당시에도 이슈였고 지금도 여전히 여러 가지 사회적 논쟁과 문제점을 가지고 있는 '이산(離散)'의 장면을 다루고 있습니다.

'이산'이란 그리스어 디아스포라(Diaspora)에서 파생된 한자 표현으로 씨를 뿌리다, 흩어짐이라고 해석할 수 있습니다. 같은 민족적 정체성을 가진 사람들이 고향을 자발적으로 혹은 강제적으로 떠나 사는 것입니다. 이런 이산의 결과로 한국도 이제는 명실공히 다민족 다문화 국가로 들어서고 있습니다.

특히 중국, 연변, 동남아시아 등에서 온 이주 노동자나 결혼 이주 여성들은 단일 민족 국가라는 정체성을 가진 한국의 완고한 배타성에 상처를 입는 경우가 많습니다.

작품은 연변 처녀 '선녀'의 눈을

통해 실직 가장, 가출 소녀, 자해 공갈범, 잡상인 등 우리 주변에서 만날 수 있는 다양한 사람들을 그려냈는데, 리듬감 있는 선율은 이산의 과정과 역동을 생생하게 반영하고 있습니다. 1990년대 한국 사회의 모습을 풍자와 해학으로 잘 담아낸 단순한 외국물의 번안이 아닌 재창조물이라고도 칭해집니다. 한국 뮤지컬 최초로 라이브 밴드를 도입하는가 하면, 전동 계단식 무대를 사용해 공연의 스펙터클이 흥미진진합니다.

—— ⋅)〇(⋅ 극 중 노래 〈산다는 게 참 좋구나, 아가야〉 ⋅)〇(⋅ ——

깊은 밤, 내 온 팔다리가 저려온다 이제 모든 게 다 끝장나버렸나
뼛속 깊이 시려오는 이 아픔, 아하 내가 아직 살아 있다는 증거지
자, 싸우러 가자 한 발짝씩 한 발짝씩 아주 조금씩만
양말 한 짝을 신은 것도 이긴 거지 계단 한 칸 올라가는 것도 싸움이지
옳지 젊은 놈들한테 또 한 번 이겼구나 산다는 게 참 좋구나 아가야
이제 새날이 시작되니 더더욱 좋아 내 맥박은 뛰고 혼백도 살아
남산에 철쭉꽃이 흐드러졌네 저 한강물 위로 물새가 날으면
산다는 게 참 좋구나 이 서울에

살아 있는 이중생 각하 (오영진 지음)

이중생이라는 기회주의적 인물을 내세워 그 인물을 풍자하고 그

의 죽음을 통해 반민족주의자의 청산이라는 당시의 사회 도덕관을 작가주의로 드러내는 희극입니다. 일제강점기에 이중생은 친일파로 재산을 모았다가 해방이 되자 미 군정측에 붙어 산림회사 관리인이 되는 등 우리 민족의 어려운 시기에도 기회주의적 인생관으로 잘 먹고 잘삽니다. 제지회사를 차리려고 대출을 신청하는데, 이때 대출(차관)을 얻기 위해 자신의 딸을 미국인의 애인으로 만들 정도로 돈을 위해선 수단과 방법을 가리지 않습니다. 표면적으로는 이중생의 기회주의적 처신과 재산 증식을 포착하지만 이면적으로는 새로운 사회를 건설하려는 새로운 세대의 소망 그리고 적폐청산의 실패와 배금주의 가치관에 대한 비판을 담고 있는 명작입니다.

동학농민운동의 실패로 자주적인 근대화가 어려워지고 일제강점기를 비롯하여 제국주의를 확장하려는 강대국의 틈바구니에서 20세기 초의 조선은 그야말로 암흑기였다고 할 수 있습니다. 일제강점기에 훼손된 역사와 문화를 바로잡을 새도 없이 전쟁과 분단이라는 비극이 한반도에 몰아치니 우리가 아무리 오뚝이 정신을 발휘하더라도 온전한 정신을 갖기가 어렵죠. 그럼에도 불구하고 연극인을 포함한 예술가들은 역사를 바로 세우고, 기품 있는 정신문화를 사회정치사의 구체적 상황에서 재현해 내고 있습니다. 〈살아 있는 이중생 각하〉는 역발상으로 죽은 척으로 위장까지 하면서 재산을 지키는 비굴한 이중생을 통해 기회주의적 매국노와 매판자본의 속성을 시원하게 까발리고 있습니다.

—— ·)◇(· 아버지 이중생에 저항하는 하연 대사 모음 ·)◇(· ——

호호, 형부두, 우리 산보 겸 운동장에 가셔요, 네. 시민대회를 굉장히 크게 연대요. 모리배 타도, 우리 아빠 같은 것 숙청 데모, 우리 회사에서두 참가한대나요. 돌아오는 길에 내 청요리 한턱 낼게요, 취직 기념으루. 에그, 걱정이 무슨 걱정이에요. 언니한테 짜증 들을까 그러시지. 누가 모를 줄 알구.

마당극 (구전 송파산대놀이)

서울과 경기 지역에서 즐겼던 산대놀이(가면극)의 하나입니다. 국가무형문화재 제49호로 지정되어 현재는 경기도 양주 등에서 전수 훈련도 진행하고 정기적으로 공연도 하고 있습니다. 조선 후기에 막 발흥한 시장경제를 기반으로 대보름, 초파일, 단오, 백중, 추석에 주로 행해졌습니다. 연희자의 대부분은 서민층이었습니다. 대사 없이 가면 춤극만으로 이뤄지기도 하나 양반, 종교, 세상에 대한 풍자성이 강해지면서 감칠맛 나는 대사도 일품으로 알려져 있습니다.

우리가 전통적으로 생각하는 '연극'의 상은 사실 서구 그리스의 계승 형식일 경우가 많습니다. 연극 용어의 상당수가 그리스어로부터 비롯되는 것도 이에 기인합니다. 그리스 연극의 형식미와 미학에서 중세시대의 종교성 성극(聖劇)의 계보로 이어지는 서구 연극은 다분히 폐쇄적인 경향이 있습니다. 그에 반해 송파산대놀이를 비롯한 한국 마당극은 오히려 진보적인 연극을 하고자 하는 운동적 성격을 강하게 갖고 있습니다. 한국 현대 연극사에서 유일하게 한국에서 자생적으로 발생한 연극 양식이죠. 전통연희의 축제적 성격과 열린 판의 운용 방식을 적극적으로 계승하였으며, 사회비판적 내용을 담고 집회 현장에서 공연되거나 공연 자체가 집회의 분위기를 조성하는 경우가 많습니다.

——— ·)>(·《 말뚝이의 상전 비꼬는 대사 ·)>(·《 ———

말뚝: 예-잇, 사처(머물 곳)를 하나 정하랍신다. (채찍을 어깨에 걸쳐 메고
빈정대는 투로 말하며 앞쪽으로 걸쳐 나오면서) 제기랄, 우리 집 샌님인지,
댄님인지, 졸님인지 하는 저런 녀석이 (힐끗 쳐다보면서) 날 부르기를
말뚝아, 꼴뚝아, 메뚝아, 깍둑아 하고 오뉴월 장마통에 나막신 찾듯이
막 불러제끼더니만 그래 겨우 사처를 하나 정하라구? (채찍을 땅바닥에
내리치며) 흥, 하기야 장님이 개천 나무라서 소용 있나? 내가 제 집에
서 종노릇을 해먹고 사는 형편이니 사처를 하나 정하는 수밖에 없지.
자, 그럼, 사처를 하나 정해보는데 (불림) 나비야 나비야 청산 가자 호
랑나비야 너도 가자. 얼수 절수 얼수 절수.

　　1973년 김지하 작·연출의 〈진오귀굿〉에서 본격적으로 출발한 마
당극은 1970년대 후반 임진택과 채희완의 작품들(〈노비문서〉〈미얄〉),
그 외 노동자·농민 현장에서의 연극 작업(〈동일방직 문제 해결하라〉〈농
촌마을 탈춤〉)과 광주·제주 등의 지역 마당극(〈함평 고구마〉〈항파두리놀
이〉)을 통해 그 양식과 성격이 정리되었다. 1980년대 초중반 대학가
에서 양적으로 확산된 후 1987년 6월항쟁과 노동자대투쟁 이후에는
노동자 관중을 대상으로 하는 노동 연극(〈노동의 새벽〉〈흩어지면 죽는
다〉〈우리 공장 이야기〉)이 마당극의 주를 이루어 양적, 질적 발전을 이
루었다. 1990년대 후반 이후 마당극 운동은 쇠퇴하였으며, 마당극은
축제적인 연극과 교육 연극으로서의 성격을 띠고 존재하고 있다.

일러스트레이터 나리나

상명대학교 산업디자인 학과를 졸업했으며, 현재 SNS 일러스트레이터로 활동 중이다.
일상 속 평범하고 따뜻한 순간을 그려낸다.

우리들의 커튼콜
연극 알기, 보기, 느끼기, 만들기

ⓒ 따돌림사회연구모임 연극팀, 2020

초판 1쇄 | 2020년 10월 8일
초판 2쇄 | 2021년 10월 27일

지은이 | 따돌림사회연구모임 연극팀
펴낸이 | 정은영
책임 편집 | 한미경
디자인 | 이경진
일러스트 | 나리나

펴낸곳 | 마리북스
출판등록 | 제2019-000292호
주소 | (04037) 서울시 마포구 양화로 59 화승리버스텔 503호

전화 | 02)336-0729, 0730
팩스 | 070)7610-2870
인쇄 | 지엠프린테크(주)

ISBN 979-11-89943-50-9 (44680)
     979-11-89943-49-3 (set)